A mais bela história do amor

Leia também:

A MAIS BELA HISTÓRIA DE DEUS
Quem é o Deus da Bíblia?

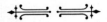

A MAIS BELA HISTÓRIA DO HOMEM
De Como a Terra se Tornou Humana

A MAIS BELA HISTÓRIA DA TERRA
As Origens de nosso Planeta
e os Destinos do Homem

*Dominique Simonnet, Jean Courtin,
Paul Veyne, Jacques Le Goff,
Jacques Solé, Mona Ozouf,
Alain Corbin, Anne-Marie Sohn,
Pascal Bruckner, Alice Ferney*

A mais bela história do amor

Do primeiro casamento na pré-história
à revolução sexual no século XXI

Tradução
Rejane Janowitzer

DIFEL

Copyright © Éditions du Seuil, 2003

Título original: *La plus belle histoire de l'amour*

Capa: Rodrigo Rodrigues

Editoração: DFL

2003
Impresso no Brasil
Printed in Brazil

Cip-Brasil. Catalogação-na-fonte
Sindicato Nacional dos Editores de Livros, RJ

M193	A mais bela história do amor: do primeiro casamento na pré-história à revolução sexual no Século XXI / Dominique Simonnet... [et al.]; tradução Rejane Janowitzer. — Rio de Janeiro: DIFEL, 2003 192p. Tradução de: La plus belle histoire de l'amour ISBN 85-7432-054-4 1. Amor — História. 2. Relação homem-mulher — História. I. Simonnet, Dominique.
03-1420	CDD – 306.7 CDU – 392.6

Todos os direitos reservados pela:
EDITORA BERTRAND BRASIL LTDA.
Rua Argentina, 171 — 1º andar — São Cristóvão
20921-380 — Rio de Janeiro — RJ
Tel.: (0xx21) 2585-2070 — Fax: (0xx21) 2585-2087

Não é permitida a reprodução total ou parcial desta obra, por quaisquer meios, sem a prévia autorização por escrito da editora.

Atendemos pelo Reembolso Postal.

Sumário

Prólogo 7

Primeiro Ato
Primeiro o casamento

Cena 1. A pré-história: *A paixão de Cro-Magnon* 15
Cena 2. O mundo romano: *A invenção do casal puritano*... 32
Cena 3. A Idade Média: *E a carne se torna pecado*... 55

Segundo Ato
Depois o sentimento

Cena 1. O Antigo Regime: *A ordem sexual reina* 73
Cena 2. A Revolução: O *Terror da Virtude* 91
Cena 3. O século XIX: O *tempo das mocinhas inocentes e
dos bordéis* 106

Terceiro Ato
O prazer, finalmente

Cena 1. Os anos loucos: *A partir de agora é preciso agradar!* 127
Cena 2. A revolução sexual: *Gozemos sem entraves!* 145
Cena 3. E agora...: *Livres para amar?* 165

Breves retratos dos autores 187

Prólogo

Duas esguias silhuetas enlaçadas, estampadas no fundo de uma caverna neolítica. O sorriso enigmático desse remoto casal sobrevive em uma parede de Pompéia. Em uma iluminura, o gesto de um cavaleiro de joelhos diante de sua dulcinéia...
Há também a espada de Tristão separando-o de sua dama, os dedos de Julien roçando de leve o braço de Madame de Rênal,[1] e as milhares de palavras inflamadas das Julietas, Heloísas, Berenices e todas as *belas dos senhores*[2] da literatura.
Há ainda a saia erguida de uma ninfeta de Fragonard, a mão de Carlitos apertando com força a de Paulette Goddard, e em seguida as torrentes de lágrimas, as orgias de beijos, as sinfonias de suspiros, os gritos de prazer a inundar nossas telas que não se saciam.
Sempre o amor, a nos seguir como uma sombra desde a noite dos tempos...
Mas não existem apenas histórias de amor. Há também uma história do amor. Uma História maiúscula que não se limita às

---

[1] Referência aos personagens do romance *O vermelho e o negro*, de Stendhal. (N. T.)
[2] Referência ao romance *A bela do Senhor*, de Albert Cohen. (N. T.)

A MAIS BELA HISTÓRIA DO AMOR

extravagâncias reais nem às historinhas de folhetins. No exame da vida privada de "pessoas" de todas as condições, ela revela os segredos de nossas mentalidades e se aproxima do inconsciente de nossas sociedades. Dize-me como amas, eu te direi quem és...

Interrogar-se sobre o amor é mexer nas grandes, nas boas questões, é debruçar-se sobre a moral de uma época, claro, mas também sobre a guerra, o poder, a religião, a morte... Desatemos a fita cor-de-rosa: eis que toda nossa civilização vem atrás. "O amor é uma concepção do Ocidente", enunciava Denis de Rougemont.[3] Não poderia ter resumido melhor.

É essa agitada aventura que abordaremos aqui com os maiores historiadores, filósofos, escritores. Seduções, encontros, paixões, erotismo, sexualidade, casamentos, fidelidade... Como se amava antigamente no Ocidente? Qual era o ideal do momento? Parecia-se com a realidade? Qual era a verdadeira natureza da intimidade? Onde era colocado o próprio desejo? Que lugar era reservado para o prazer e para o sentimento?

A história do amor teve seus pioneiros respeitáveis: Michel Foucault, Jean-Louis Flandrin, Georges Duby... Não tinha ainda sido escrita em uma perspectiva contínua. Nós estamos ousando, correndo o risco de derrubar alguns velhos clichês.

Escavar intimidades é uma tarefa difícil: o amor não deixa fósseis e freqüentemente apaga as marcas de seus passos. Subsistem apenas ilusões, evocações fugidias, veladas, disfarçadas... As grandes crônicas o ignoram, dão preferência aos feitos guerreiros. Os registros notariais do estado civil o abastardam em vis atos contábeis. Restam a arte e a literatura: cartas e diários íntimos, poemas, quadros, desenhos, esculturas...

---

[3] Denis de Rougemont (1906-1985): escritor suíço de língua francesa, analisou certos componentes da civilização européia. (N. T.)

PRÓLOGO

Ainda assim é preciso separar o imaginário da realidade. Pois a arte nem sempre diz a verdade. Ela muitas vezes revela as fantasias de uma época e diz mais o que se gostaria de fazer do que o que se faz. Assim, os romanos, que erigiam nos locais públicos estátuas para o sexo triunfante, eram, na vida privada, notórios puritanos. Na época em que a Vênus de Botticelli revelava sua nudez, nem por isso as pessoas se despiam nos quartos de dormir. E a libertinagem do Século das Luzes não era senão o reverso de um cenário no qual a repressão grassava... É preciso, pois, evitar símbolos enganadores.

Veremos também que essa história não é lá muito cor-de-rosa. O amor nunca foi brincadeira. Reis, padres, guerreiros, médicos, banqueiros, notários, todos o enquadraram, normatizaram, reprimiram, encarceraram, violentaram. As mulheres foram as eternas sacrificadas. "Jamais comece seu casamento com uma violação", aconselhava Balzac, há nem tanto tempo assim. Estava querendo dizer: se a coisa não se resolver de imediato. O sexo nem sempre foi uma questão de prazer, longe disso. Durante muito tempo, a ordem moral e sexual reinou, exercendo uma verdadeira tirania sobre a vida privada.

Simplifiquemos. A história do amor se resume em três palavras, três esferas: sentimento, casamento, sexualidade. Ou, se preferirmos: amor, procriação, prazer... Três ingredientes para acomodar os homens e as mulheres, dos quais cada época tirou partido, ora dissociando-os, ora reunindo-os, ao sabor de seus interesses. Para o melhor e para o pior.

Casamento sem amor nem prazer. Casamento por amor sem prazer. Prazer no amor sem casamento... A história do amor é a de uma longa marcha das mulheres (e dos homens, um pouco atrás) para se livrar do jugo religioso e social, e reivindicar um direito no entanto elementar: o direito de amar.

A MAIS BELA HISTÓRIA DO AMOR

PRIMEIRO ATO: PRIMEIRO O CASAMENTO! Após a longa préhistória que, como leremos, não foi tão selvagem quanto se crê, o pesado jugo entrou em ação. Entre o homem e sua mulher legítima não se cogita de sentimento (que enfraquece a alma), menos ainda de prazer (que esgota o corpo). Pior ainda: a carne se tornava pecado. O casal fora feito para procriar e assegurar a herança e a filiação. Apenas os homens se arrogavam o direito de ir se divertir. Eis a lei e a moral que pesarão durante séculos. Ao longo destas páginas, inúmeras idéias preconcebidas vão cair por terra: veremos que nossos ancestrais, os romanos, foram os primeiros puritanos. E que na Idade Média, ao contrário do que se crê, o amor não foi verdadeiramente cortês.

SEGUNDO ATO: DEPOIS O SENTIMENTO. Em meio à sombra da Renascença, quando a ordem sexual reinou mais do que nunca, uma pequena reivindicação veio à luz do fundo dos campos: e se pudéssemos também amar aquele ou aquela com quem nos casamos? Foram os pobres que primeiro lançaram essa escandalosa reivindicação. O que tinham eles a perder efetivando uniões por amor em vez de casamentos por interesse? Apesar de uma mínima janela aberta para a liberdade das mulheres, bem depressa fechada (a Revolução foi a grande inimiga do amor e da vida privada), ainda estavam bem longe os sonhos de igualdade. E o prazer... Uma vez mais, clichês irão se desfazer: a despeito de sua literatura, o século do romantismo na verdade não foi sentimental. E o século XIX acrescentou a isso hipocrisia e brutalidade.

TERCEIRO ATO: O PRAZER, FINALMENTE. Na aurora do século XX, a tampa colocada sobre a sexualidade foi aberta. De agora em diante é preciso agradar! Pouco a pouco, ao longo das décadas, os casais vão se erotizando, se liberando. Os Anos Loucos,

PRÓLOGO

parênteses entre duas loucuras guerreiras, aceleraram essa emancipação dos corpos e dos espíritos. E a revolução sexual varre de um só golpe os antigos tabus. Curioso reverso, porém: dessa vez, é a sexualidade tão longamente reprimida que se torna totalitária. O amor, mais uma vez, sofrerá as conseqüências.

Em que ponto estamos hoje em dia? Graças aos progressos da ciência e à evolução das mentalidades, nossas três esferas podem ser totalmente dissociadas: pode-se fazer amor sem procriar, procriar sem fazer amor e admite-se fazer amor sem amar. Contudo, sinal de nossa época paradoxal, nunca tivemos tanta vontade de reuni-las: um amor duradouro no qual se cultive o prazer, eis o ideal de nosso tempo! Queremos as três ao mesmo tempo. Mas nos damos conta, com um certo desconforto, de que essas novas escolhas que nos são oferecidas têm também seu peso. Em liberdade, o amor não se torna mais fácil de ser vivido do que em meio à opressão.

E mesmo que seja também o fruto de nossos hormônios, como se diz hoje em dia, o amor permanece sempre ligado a nosso longínquo passado. Quer queiramos ou não, essa longa história vive ainda em nós. Nossos comportamentos amorosos carregam a pesada herança não somente de nossos pais, mas também das numerosas gerações que os precederam. Existem, bem dentro de nós, Dom Juans, Isoldas, Solals[4] adormecidos, e que às vezes nos manipulam. E vamos buscar sem saber, dentro de velhas normas morais, antigas aspirações, desejos escondidos. Sim, o amor tem uma história. E nós somos herdeiros dela.

Dominique Simonnet

---

[4] *Solal*: personagem-título de outro romance de Albert Cohen. (N. T.)

Primeiro Ato

Primeiro o casamento
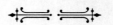

CENA 1

A pré-história

A paixão de Cro-Magnon

Um dia, ou talvez uma noite, muitas dezenas de milênios antes de nossa era, um gesto foi feito, uma palavra foi dita, um sentimento nasceu... Talvez seja preciso ir procurar bem longe em nosso passado o despertar daquilo que mais tarde terá o nome de "amor"... Pode-se encontrar seu rastro nos pedaços de esqueletos, nos fragmentos de cerâmicas, nos restos de vestimentas, nos desenhos e nas gravuras, únicos vestígios que nos legaram esses tempos antigos? Para quem sabe interpretá-los, os fósseis podem revelar mais de um segredo: o amor, dizem eles, é específico do homem, e fomos nós, Cro-Magnon de cérebro complicado, que o inventamos. Na noite dos tempos, já existia coração. Amava-se tanto quanto agora, talvez até com mais liberdade, até mesmo com mais felicidade.

A MAIS BELA HISTÓRIA DO AMOR

A emergência da sensibilidade

— **Dominique Simonnet:** *Das origens do amor, do primeiro gesto terno e sensível, não possuímos vestígios, nenhum fóssil, nenhum relato, e jamais teremos provas nem certezas. Mesmo que os cientistas, dentre os quais o senhor se inclui, não gostem de especulações, podemos ainda assim arriscar algumas hipóteses a respeito desse misterioso e longínquo acontecimento?*

— **Jean Courtin:** De imediato nos defrontamos com a definição de amor. Mesmo no mundo animal, sempre existiu a necessidade dos indivíduos de um sexo procurarem os do outro sexo, a fim de perpetuar a espécie. Certos animais chegam a formar casais duradouros, como os animais de rapina, os corvos, os lobos, que se unem por toda a vida. Existe, pois, para eles, um apego entre sexos diferentes. Trata-se de amor? Eu creio que devemos falar mais propriamente de instinto. Para encontrar um verdadeiro sentimento profundo, que incite a avaliar as qualidades do outro, a escolher um parceiro, a decidir passar o tempo com ele, é preciso esperar o desenvolvimento do cérebro, e portanto do *Homo Sapiens*, ou seja, o homem moderno.

— *Nossos ancestrais australopitecos*, Homo Habilis, Homo Erectus, *não teriam tido essa graça, em sua avaliação? A pequena Lucy, a famosa australopiteco fêmea de 3 milhões de anos, não teria se apaixonado?*

— Eu a vejo como um pequeno macaco. Os macacos são enternecedores de se observar. Esse ser ereto talvez possa ter tido algum charme para seus semelhantes. Exercia a sedução e experimentava a atração. Mas amor, no sentido que compreen-

PRIMEIRO O CASAMENTO

demos hoje em dia, já não tenho tanta certeza... Também não consigo imaginar os *Homo Erectus* dotados de uma aptidão tão sutil. Eles não conheciam a sepultura, deixavam seus mortos ao abandono; encontramos esqueletos abandonados, despedaçados, no meio de ossos de animais...

— O Homo Sapiens *é, por sua vez, mais delicado.*

— Ele foi o primeiro a dispensar um grande cuidado a seus defuntos, o que denota uma forma inegável de apego aos semelhantes. Tendo a pensar que o sentimento amoroso se desenvolveu junto com a consideração para com os mortos, com o senso da estética, da ornamentação. Portanto, junto com características propriamente humanas que não foram desenvolvidas antes do surgimento do homem de Cro-Magnon, a partir de 100.000 anos atrás, na África e no Oriente Próximo, e por volta de 35.000 anos atrás, na Europa.

— *A emergência de uma sensibilidade, em suma, que se teria revelado simultaneamente em diferentes domínios...*

— Sim, mas dispomos de muito poucos indícios para detectá-la. Nós, pré-historiadores, nos curvamos sobre nossas pedras, restos de ossos, nossos fragmentos de cerâmica, e temos alguma dificuldade para ler neles a realidade humana. Podemos analisar os achados arqueológicos, as tumbas por exemplo, e tentar imaginar quais teriam sido as estruturas sociais, as relações entre os indivíduos. Mas serão sempre apenas interpretações. Dispomos também de gravuras, de pinturas pré-históricas, de estatuetas de "deusas"... Mas a arte tem uma função simbólica, ela reflete uma mitologia e não uma realidade.

A MAIS BELA HISTÓRIA DO AMOR

Traços de solidariedade

— *Mesmo assim tentemos brincar de detetives do amor. O que nos dizem essas famosas tumbas?*

— Tomemos exemplos: dentro das cavernas de Grimaldi, foram encontrados esqueletos de duas crianças pequenas (entre 6 e 10 anos), de 30.000 anos, exumadas lado a lado, a bacia e as coxas recobertas de milhares de pequenas conchas perfuradas, decerto costuradas originalmente sobre suas tangas ou seus cintos. Na Dinamarca, em Vedbaek, em um sítio do oitavo milênio antes de nossa era, descobriu-se uma jovem mulher morta com a idade de 18 anos, acompanhada de seu recém-nascido: ela tinha um grande número de dentes de cervo perfurados, outrora costurados ou presos a suas vestimentas e seu cinto, e o bebê, provavelmente um menino, tinha uma lâmina de sílex na mão, rito que era observado pelos homens adultos. O pequeno cadáver fora colocado sobre uma asa de cisne (cujos ossos se conservaram).

— *O que deduzir de tudo isso?*

— Que se dispensava um grande cuidado às crianças. Já se pode ver nisso o sinal de um apego profundo, de uma forma de amor. Outro indício: sabe-se também que os homens pré-históricos eram capazes de solidariedade.

— *E como é que se encontram traços dessa solidariedade?*

— Dentro de um abrigo sob uma rocha, no fundo da enseada de Bonifácio, na Córsega, um sítio de 8.000 anos, exumou-se

PRIMEIRO O CASAMENTO

o esqueleto muito bem conservado de uma mulher morta com a idade de 35 anos, enterrada com seus ornamentos e recoberta de ocre vermelho. Ela provavelmente sofeu, durante a juventude, uma queda dentro dos rochedos: seu braço esquerdo ficou paralisado em decorrência de diversas fraturas, não pôde mais se deslocar a não ser com muita dificuldade, e uma parte de sua mandíbula inferior foi destruída por uma osteíte, o que teria limitado sua alimentação a caldos. Em uma época na qual se vivia da caça, da pesca, da coleta de moluscos, ela se tornou, portanto, inteiramente dependente dos seus. Foi, entretanto, alimentada, cuidada, ajudada e mantida viva por muitos anos.

— *Prova de uma real solidariedade, com efeito.*

— Os filhos teriam se encarregado dela? Ou o seu companheiro? Esses casos de solidariedade foram bastante difundidos, provas da existência, sem sombra de dúvida, de sentimentos de apego profundo entre determinados indivíduos. Foram observados mesmo entre os homens de Neandertal, os contemporâneos do *Homo Sapiens*, cuja espécie se extinguiu.

— *Que são descritos às vezes como seres rudes...*

— Eles eram mais evoluídos do que se pensa. Claro, eles tinham uma morfologia diferente do *Homo Sapiens*: pescoço de lutador de sumô, nuca poderosa, pernas curtas, braços muito musculosos, aletas olfativas mais importantes, o que lhes dava por sinal um faro de cão de caça. Mas possuíam certamente uma linguagem desenvolvida, e por vezes inumavam seus mortos... Pois bem, dentro de sepulturas neandertalenses antigas, que têm entre 60.000 e 80.000 anos, foram descobertos os restos de indivíduos gravemente deformados que, mesmo assim, sobreviveram durante muitos anos graças à ajuda mútua do grupo: o homem de Shanidar, por exemplo, exumado dentro de uma caverna do Curdistão, no norte do Iraque, ou um outro indivíduo que teve uma perna quebrada e a mandíbula esfacelada durante sua adolescência... Também foi encontrada uma tumba neandertalense de mulher, forrada de flores de pântanos, que foram colhidas em um vale mais abaixo, a muitas horas de caminhada. É a utilização mais antiga que se conhece de flores nos ritos funerários.

A arte e o amor

— *O Neandertal e o Cro-Magnon teriam inventado a solidariedade, de forma independente. E o amor, então?*

— É uma bela hipótese. Mas, ao contrário dos neandertalenses, que enterravam somente alguns de seus semelhantes, os Cro-Magnon, por sua vez, faziam isso de maneira sistemática: homens, mulheres e crianças eram inumados com o mesmo cuidado, indiscriminadamente, qualquer que fosse sua idade. Eu vejo nisso, sem dificuldade, o sinal dos primeiros sentimentos amorosos.

— *Existe outra coisa que deponha a favor dessa hipótese?*

— Há outra coisa: por volta de 35.000 anos atrás, os Cro-Magnon inventaram a magnífica arte das cavernas. A preparação das rochas, o cinzelamento das gravuras, a precisão dos traços, a escolha e a preparação das cores, a perspectiva, o domínio da técnica de esbatimento para fazer o relevo, esse gosto pelo trabalho

PRIMEIRO O CASAMENTO

perfeito que encontramos também nas armas talhadas em pedra, osso ou chifres de animais, e freqüentemente ornamentadas... Tudo isso denota uma habilidade, uma preocupação com a estética e uma sensibilidade surpreendentes. Em suma, um cérebro que tem imaginação e emoções. A revolução da arte nessa época pode ser também o nascimento do amor.

Cro-Magnon e Cro-Mignonne[1]

— *Indivíduos tão sensíveis, capazes de realizar maravilhas como as que podem ser admiradas sobre as paredes da caverna de Chauvet, de Lascaux ou Cosquer, eram forçosamente, em sua opinião, amantes... O amor seria então algo específico do homem... moderno.*

— Sim. O sentimento amoroso dos primeiros caçadores "modernos" não devia ser muito diferente do nosso. E por que haveria de ser de outra forma? Os homens e as mulheres de Cro-Magnon devem ter tido uma linguagem elaborada, o nível de sua tecnologia a requeria: para cortar grandes lâminas a partir de fragmentos de sílex, com um cortador feito de chifre de rena, um martelo de madeira, é preciso bater segundo um determinado ângulo, no lugar correto, preparar o golpe com precisão, desbastar no ponto adequado... Essa técnica refinada, que nada tem a ver com os rústicos seixos talhados dos contemporâneos de Lucy, não pode ser unicamente explicada com gestos e exige uma verdadeira comunicação.

---

[1] *Mignonne*: elegante, harmoniosa, bonita etc. (N. T.)

— Os Cro-Magnon se comportavam e amavam como nós, em suma.

— Os Cro-Magnon falavam, tinham o mesmo cérebro que nós, sonhavam como nós, experimentavam as mesmas emoções, os mesmos sentimentos que nós, e deviam conhecer também o desejo, o ciúme, a piedade e os caprichos da paixão. Pode-se até imaginar que esses amores originais eram mais intensos, mais verdadeiros do que os nossos, por estarem livres de todas as contingências, regras sociais e de submissão a uma norma.

A idade de ouro

— Era o paraíso terrestre!

— O paleolítico foi a idade de ouro. Os recursos eram abundantes, e os homens, pouco numerosos. Os animais pululavam, não eram ferozes e eram facilmente caçados (em certos sítios, foram encontradas enormes quantidades de restos de renas, cavalos, cabritos), as costas eram ricas de moluscos e crustáceos, os rios eram piscosos... Nossos ancestrais viviam como seminômades, em grupos de umas trinta pessoas, bastante dispersos mas não isolados. Dispunham seguramente de uma linguagem comum, talvez não universal, mas de todo modo falada em grandes distâncias. Realizavam trocas de matérias-primas — sílex, conchas marinhas, cristais de rocha —, de conhecimentos (foram achados objetos similares e identificadas as mesmas técnicas de entalhe em regiões muito afastadas) e provavelmente também trocavam seus companheiros.

PRIMEIRO O CASAMENTO

— *Ora vejam!*

— O problema da consangüinidade não lhes deve ter escapado. Os esqueletos o provam, eram pessoas bem construídas, sem malformações congênitas. E a etnologia nos confirma isso: em numerosos grupos caçadores-coletores, praticamente em todo o mundo, há, ou havia antigamente, encontros anuais, grandes festas, quando se faziam trocas ou se formavam uniões, o que os pesquisadores chamam de "exogamia".

As belas da costa liguriana

— *Os primeiros seres humanos então formavam casais e eram monogâmicos?*

— Com certeza! Difícil imaginar haréns em um grupo paleolítico. Quando se vive da caça, não se pode ter numerosas mulheres: a poligamia teria obrigado o homem a caçar mais. Ela existirá mais tarde, entre os agricultores, mas não entre os caçadores-coletores. Aliás, nos sítios a céu aberto que foram estudados, a superfície das choças é reduzida e corresponde a famílias pouco numerosas. Mas também foram descobertas algumas tumbas duplas: um homem enterrado com duas mulheres.

— *Suas duas "esposas"?*

— É provável. O que significaria dizer que elas foram mortas ao mesmo tempo, para acompanhá-lo na morte, prática que será encontrada mais tarde durante a Antigüidade. Em Dolni Vestonicé, na Morávia, em um sítio de caçadores de mamutes datado

A MAIS BELA HISTÓRIA DO AMOR

de 25.000 anos, descobriu-se uma mulher jovem cercada por dois homens jovens, um deles com a mão colocada sobre a bacia (ou sobre o sexo) da mulher, recoberta de ocre nesse local específico. Mas devem ter sido exceções.

— *Foram descobertos casais mais "clássicos"?*

— No interior da famosa caverna de Grimaldi, foram descobertos os esqueletos de um homem de cerca de vinte anos, muito alto (1,94m), e de uma mulher de uns trinta anos em posição encolhida, os dois estreitamente encaixados um no outro, com ornamentos de conchas como era usual (há muito tempo se vêm fazendo elucubrações a esse respeito: algumas obras de vulgarização os qualificam como "negróides" e afirmam que se tratava de uma mulher idosa enterrada com um homem jovem). Na verdade, é mais provável que tenha sido um caçador atlético que conseguia virar a cabeça das beldades da costa liguriana há trinta mil anos...

Sunga de pele

— *A idéia de Rousseau do "bom selvagem", que nos chega do século XIX...*

— ... me parece bastante razoável. Na idade paleolítica, não havia casos de mortes violentas provocadas por outros homens, nem de ferimentos por projéteis, ao contrário do que se verificará freqüentemente nas épocas posteriores. Não se lutava pela caça, pois os animais eram abundantes; nem pela propriedade das jazidas de sílex. Foi por certo uma época agradável, apesar

PRIMEIRO O CASAMENTO

dos rigores do clima. Mas deve ter sido muito machista. A mulher cuidava das crianças, raspava e curtia as peles para as vestimentas, tomava conta da habitação, cuidava do fogo, e o homem vestia a sunga... de pele.

— *O macho que vai à caça, enquanto sua mulher fica em casa!*

— Sim, mas o "macho caçador" corria todos os riscos para trazer a carne quotidiana... A etnologia nos diz isso mais uma vez: em todas as sociedades de caçadores-coletores, existia a proibição do sangue, ligada ao ciclo feminino: os homens tinham o privilégio das armas, pois estas faziam correr o sangue. As mulheres podiam utilizar apenas os instrumentos que não faziam sangrar: cestos de pegar peixes, armadilhas, bastões, bordunas... Encontramos regras como essas entre os aborígines australianos, os boxímanos da África do Sul ou os ameríndios do norte e do sul. Muito mais tarde, notar-se-á uma outra diferença entre os sexos na elaboração das cerâmicas: são as mulheres que fabricam as cerâmicas modeladas à mão. Mas, a partir do momento em que essas cerâmicas começam a ser mais trabalhadas, industrializadas, em suma, tornam-se apanágio dos homens.

— *Decididamente, esses seus Cro-Magnon não eram feministas!*

— Uma romancista anglo-saxã imaginou a mulher pré-histórica como uma *superwoman*, que domesticava os leões e os cavalos, impunha-se como uma campeã de tiro com funda e seduzia os homens que estivessem ao seu alcance... Uma mulher sozinha na natureza, em pleno período glacial, entregue a uma

A MAIS BELA HISTÓRIA DO AMOR

sexualidade desenfreada, isso me parece bastante inverossímil...
O amor paleolítico era provavelmente mais... convencional.

A posição "papai-e-mamãe"

— O imaginário clássico, de todo modo, não descreve a
sexualidade pré-histórica como algo prazeroso. O homem agarra-
va sua companheira pelos cabelos, e zás! Estava no papo, digamos
assim. Uma outra idéia preconcebida sugere que um dia o homem
teria passado de uma prática animal a uma prática mais huma-
nizada: fazer amor rosto a rosto...

— A descoberta da posição "papai-e-mamãe"! Isso provoca
muito riso entre os historiadores da pré-história. Quem foi o primeiro que teve a idéia de não fazer mais amor como os animais?
Impossível dizer. Não devia haver muitas "preliminares" naquela
época. Os homens e as mulheres pré-históricos, que viam os animais desde sempre, talvez não fossem refinados em sua sexualidade, mas deviam ainda assim gostar-se, amar-se. Os esqueletos
femininos encontrados são cobertos de ornamentos. As mulheres eram enterradas com tanto cuidado quanto os homens. E
depois não nos esqueçamos da linguagem, de que falávamos
anteriormente. Por que não teria sido utilizada para traduzir a
complexidade dos sentimentos, para o amor?

— A arte das cavernas pré-históricas pode nos informar sobre
sua maneira de amar?

— Sobre as paredes das cavernas, encontram-se muito poucas
representações humanas e nenhuma cena de coito, nem mesmo
de acasalamento animal. A arte parietal mostra apenas alguns

26

PRIMEIRO O CASAMENTO

animais (a rena, que era a caça básica, é minoritária, as aves e os coelhos também, enquanto que o cavalo, o bisão, o mamute, menos habituais na alimentação, estão muito presentes). Por quê? Porque eles representam não a vida quotidiana, mas símbolos. O cavalo podia representar a força; o cervo, a virilidade. É, pois, inútil procurar ler nela a realidade da época... Em algumas cavernas, é verdade, há também imagens de vulvas e de falos. Dentro da caverna de Cosquer, em Marselha, vê-se uma gravura de falo, muito realista, representação raríssima na arte paleolítica.

Vênus delgadas

— *Sexos desenhados nas paredes? Erotismo precocemente manifestado?*

— Ainda nesse caso, trata-se, sem dúvida, de símbolos de fertilidade. No interior da caverna Chauvet, em Ardèche (35.000 anos), também foi descoberta a única representação pintada de mulher que se conhece dessa época, cujo baixo ventre é muito realista... Mas somente uma tábua gravada, descoberta pelo historiador Jean Clottes* em Ariège, datada de 12.000 anos atrás, mostra duas personagens que se acasalam por trás. Pensou-se por um momento que se tratava de dois homens. Agora, tende-se mais a pensar que são um homem e uma mulher... Conhecem-se também, no Tuc d'Audoubert, ainda em Ariège, dois bisões modelados, um casal de animais prestes a acasalar. Não muita coisa, em suma.

---

* Ver *A mais bela história do homem*, de André Langaney, Jean Clottes, Jean Guilaine e Dominique Simonnet, Rio de Janeiro, Difel, 2002.

— *De fato. E por que há tão poucas representações sexuais na arte da pré-história?*

— A sexualidade não fazia parte da mitologia que a arte parietal simboliza. No paleolítico superior, teremos aquelas famosas estatuetas femininas, aquelas Vênus cujos traços do rosto não são representados, mas cujos atributos femininos são exagerados, mostrando a importância dada à função maternal e reprodutora. São, uma vez mais, símbolos de fertilidade, e não representações realistas da mulher pré-histórica: não consigo imaginar que o ideal de beleza fosse ilustrado por essas senhoras de nádegas gordas! A meu ver, as mulheres paleolíticas deviam ser mais do gênero delgado e não tinham quilos em excesso.

O *começo dos problemas*

— *E, em seguida, no neolítico, a partir de 10.000 anos atrás, foi a revolução! Acabam os grupos de caçadores-coletores e seus casais bucólicos. Inventaram-se a agricultura, a criação, o vilarejo. E ao mesmo tempo a divisão de tarefas, a propriedade, a hierarquia, o poder, a guerra... Tudo muda. As regras do jogo amoroso também?*

— É, com efeito, um outro mundo que nasce: o dos agricultores-criadores, que vão produzir seu próprio alimento — cereais, leguminosas — domesticar os animais... Então, com seus machados de pedra, vão desmatar as florestas, lavrar os campos, construir cercados para o gado, edificar as casas agrupadas em vilarejos, realizar grandes obras, elevar monumentos como os megálitos. A população aumenta, as sociedades se estruturam, as

PRIMEIRO O CASAMENTO

mentalidades mudam. Todas essas atividades frenéticas necessitam de uma organização social, de uma repartição dos recursos e, portanto, de um líder e regras de vida coletivas e coercivas. Tudo se uniformiza.

— *Já se torna menos alegre...*

— Agora não se pode mais construir a própria cabana à vontade; nos vilarejos danubianos, as habitações são todas parecidas, têm o mesmo plano, as mesmas dimensões, estão alinhadas sobre o mesmo eixo; no Oriente Próximo, são os mesmos vilarejos agrupados, como em Jericó; as cerâmicas também se parecem (são todas decoradas segundo um padrão preciso). A autoridade, que decide sobre a divisão das tarefas, governa também a vida privada. É bem possível que não se pudesse mais escolher livremente a companheira ou companheiro e é provável que tenham sido impostas normas para as relações sexuais e regras de aliança resultantes da propriedade dos bens.

— *O que se vê então nas pinturas e nas cerâmicas dessa época?*

— Mais ou menos por toda a Europa, notadamente nos Bálcãs, e no Oriente Próximo, encontram-se representações de mães fecundas. As estatuetas de Malta ou da Anatólia representam gordas mulheres de formas generosas... No Saara e na Anatólia, encontra-se também o simbolismo do touro, princípio viril, complemento da deusa mãe. Mas, ao contrário da arte dos caçadores-coletores, a arte dos camponeses é plenamente realista: são pastores conduzindo os carneiros, mulheres amassando o grão dentro de pilões...

A MAIS BELA HISTÓRIA DO AMOR

— *E os casais que se enlaçam?*

— Sim. Dentre as pinturas do Saara (entre 5.000 e 2.000 anos atrás), observam-se numerosas cenas de coito: personagens em pleno ato amoroso dentro de cabanas. São as primeiras imagens desse tipo. Elas mostram diversas posições, e sempre casais. Nenhum acasalamento múltiplo... No vale do Rhône encontrou-se recentemente, no interior de tumbas que datam do neolítico, uma cena de homens acompanhados de duas e por vezes três mulheres, portanto mortas e enterradas ao mesmo tempo. O que sugere, desta vez, a poligamia, e uma certa violência.

— *Acabou o paraíso! O neolítico não foi, com certeza, um progresso para a vida privada!*

— E no entanto esse modo de vida campestre se expandiu por toda parte. Jamais compreendi, eu, que sou filho de camponês, por que teve tanto sucesso, por que os últimos caçadores-coletores, os homens do mesolítico, que viviam em um clima temperado com recursos abundantes e variados, abandonaram a caça e a pesca para começar a desmatar as florestas, cavar o solo, expor-se a todas as eventualidades da colheita, a constituir rebanhos ameaçados por lobos, doenças, cobiça do vizinho...

— *E aí as mulheres é que iriam sofrer as conseqüências desse frenesi produtivo.*

— Para as mulheres, as tarefas domésticas se multiplicaram. A partir de então, precisam participar da semeadura, da colheita, da moagem do grão, da fabricação da cerâmica, de seu cozimento... Atividades incessantes que ainda se vêem nos campos,

PRIMEIRO O CASAMENTO

na África Central: as mulheres não param o dia inteiro! O neolítico inaugurou para elas o começo das obrigações. E é provável que os sentimentos entre as pessoas e a sexualidade tenham se tornado cada vez mais normatizados e que o rapto, a violação e a escravidão tenham nascido e se desenvolvido desde então. Foi o começo dos problemas. A idade de ouro estava terminada, o mundo moderno já estava em marcha.

CENA 2

O mundo romano

A invenção do casal puritano

Eles teriam, a se acreditar em Ovídio, celebrado a arte de amar. A arte talvez, mas a maneira? Os romanos foram verdadeiramente esses bon-vivants *esclarecidos, livres em seus costumes e pensamentos, como permitem imaginar suas estátuas de nus com o sexo orgulhoso, seus poemas eróticos, suas elegias e a reputação de feliz decadência de que são feitos nossos clichês? Liberados, os romanos? Desabrochados? De jeito nenhum! Os romanos não eram fiéis às suas belas imagens, muito pelo contrário! Para eles, as relações entre homens e mulheres, homens e homens, homens e escravos se pareciam mais com a sexualidade de soldados. O que não impediu nossos mentirosos romanos de se tornarem um dia precursores dos cristãos. E até mesmo puritanos...*

PRIMEIRO O CASAMENTO

O *casal ideal*

— **Dominique Simonnet**: *Nas paredes de Pompéia subsistem ainda pinturas pouco alteradas de casais antigos, esposos romanos que parecem nos observar com um sorriso misterioso. Como imaginar o que se passava entre eles? Podemos ver em seus rostos enigmáticos dissimulação, serenidade? O amor também está aí?*

— **Paul Veyne**: Conhecem-se com efeito numerosos retratos desse gênero que, como se fossem instantâneos, se esforçam para dar do casal uma imagem ideal. Um deles, o de Paquius Proculus e sua esposa, datado do século I a.C., mostra dois ricos romanos, captados no melhor momento de suas vidas, na idade madura, e apresentados em uma atitude que se pretendeu natural. Eles são efetivamente casados, pois a mulher está segurando uma tabuinha e um estilete, o que indica que ela sabe ler, que é culta, distinta, e que houve intenção de mostrar tudo isso. Naquela época, apenas as mulheres casadas recebiam uma educação liberal; as concubinas eram analfabetas. Eis aí, pois, um casal modelo, tal como era concebido no mundo aristocrático antigo um século antes de nossa era, ou seja, duas pessoas que estão juntas para perfazer o ideal do casamento: dar à cidade, à pátria bons cidadãos e chefes que perpetuarão a ordem social e a linhagem.

— *Eles se amam?*

— Por que não? O amor existe em todos os tempos, e se pode supor sobre esse casal tudo que se pode supor de um casal moderno, apenas com uma reserva: existiam naquela época, como na nossa, proibições, conveniências, ideais que influenciavam,

A MAIS BELA HISTÓRIA DO AMOR

um pouco pelo menos, as condutas. A infelicidade é que os documentos, os livros, as imagens que nos restam da Antigüidade nos permitem conhecer sobretudo as convenções, e não as condutas reais. Ora, nas convenções dessa época não se mencionava o amor. Mas sim o casamento, o que é bem mais sério. O casamento era um dever de cidadão, sendo de bom-tom que os esposos se entendessem. Representados sobre os sarcófagos, eles estão sempre de mãos dadas, como para sugerir uma *entente* igualitária. Uma fórmula reaparece sem cessar nos textos: "Minha mulher morreu, vivi vinte e cinco anos com ela, *sine querella*, sem nenhuma queixa a seu respeito." Isto quer dizer provavelmente que ela foi fiel a seu marido. Os moralistas severos acrescentavam que o marido devia, da mesma forma, fidelidade à mulher. Era esta pelo menos a moral oficial. Mas nossos esposos são apenas dois sutis símbolos, duas belas mentiras...

Escravas para todo o serviço

— *A imagem então não corresponde à realidade?*

— Os afrescos nos mostram somente o que era normal mostrar dentro da boa sociedade, o ideal de casal. A realidade era outra. Aquele mundo romano era o mundo da escravidão. A esposa não era nada além de uma mísera criatura. Apanhava, eventualmente. Se a tratavam com consideração, era por causa de seu dote ou de seu pai nobre. Ela fazia filhos e arredondava o patrimônio. Era apenas um instrumento do ofício de cidadão, um elemento da casa, como o eram os filhos, os libertos, os clientes e, no ponto mais baixo da escala, os escravos. Sêneca escreveu: "Se teu escravo, teu liberto, tua mulher ou teu cliente passam

PRIMEIRO O CASAMENTO

a replicá-lo, ficas furioso." E admitia-se que o marido... fizesse sexo com todas suas jovens escravas e seus jovens escravos.

— *Ora vejam! Quer dizer que o marido "fiel" podia então ter "amiguinhas" com plena legalidade?*

— As escravas estavam lá para isso! As coisas se passavam como no Brasil de antigamente, colonial e escravista. Fazia-se dos escravos o que se queria. Meninos e meninas. Defloravam-se as mocinhas. Ou então escolhiam-se os meninos: isso criava menos dificuldades. Sendo casado ou não, "servir-se" dos escravos não produzia conseqüências. Mas atenção! Se o homem era casado e existiam bastardos, ninguém devia falar, nem mesmo pensar, que essas crianças eram do dono da casa, mesmo que todo mundo soubesse! Freqüentemente, a senhora tinha ciúmes das jovens serviçais e protestava. Acontecia também, e o fato era muito louvado em uma grande dama, de ela adotar um desses bastardos do marido como um escravo que seria educado à parte...

Um harém ou uma concubina?

— *Como se comportavam os que não eram casados?*

— Dentro desse universo em que os costumes eram muito livres e em que se podia dispor à vontade dos escravos, alguns preferiam ficar em "concubinato" com uma escrava à qual se concedera alforria. Era uma opção perfeitamente reconhecida. O concubinato seria ainda admitido pelos cristãos: Santo Agostinho quando jovem viveu durante muito tempo com uma concubina e teve um filho. A diferença é que os filhos que resultavam

A MAIS BELA HISTÓRIA DO AMOR

dessas uniões não eram legítimos, não herdavam. Muito embora a questão fosse a seguinte: "Devo ficar com meu harém de escravas ou com minha liberta favorita?" Ou "Devo me casar, como um homem sério, para dar ao Estado cidadãos de pleno direito?" Sêneca descreveu assim aquele que hesita: *Modo vult concubinam habere, modo mulierem* — ele quer tanto ter uma concubina quanto uma mulher — não consegue jamais se decidir.

— *O casamento era então, antes de mais nada, um ato cívico?*

— Apenas isso. Esse casamento, que, como disse um censor por volta do ano 100 a.C., era em princípio "uma fonte de aborrecimentos", era com efeito um dever cívico, quase militar, e os dois aspectos ficavam confundidos para os romanos. Casava-se para se beneficiar de um dote, meio honroso de se enriquecer, e para dar cidadãos à pátria. É por essa razão que Augusto e outros imperadores advogariam a favor do casamento: a República tinha necessidade de assegurar a continuidade de seus cidadãos de pleno direito, pois o concubinato não fornecia senão habitantes de segunda classe.

— *No entanto, coisa difícil de compreender para nossos espíritos modernos, esse casamento romano, tão submisso à exigência da República, permanecia um ato privado, quase confidencial.*

— Exatamente. Nenhum poder público controlava o casamento. Ninguém se apresentava diante do equivalente a um juiz ou um cura, não se assinava nenhum contrato, salvo uma promessa de dote, se ele existisse. Quanto à herança, ela era quase totalmente livre. Em uma ocasião, tornou-se obrigatório legar um quarto dos próprios bens aos herdeiros normais, os filhos por

PRIMEIRO O CASAMENTO

exemplo. Mas conservou-se a possibilidade de fazer o que se quisesse com os três quartos restantes. E o divórcio se fazia da mesma maneira: quando se tinha vontade.

Divórcio em segredo

— *Imaginamos que a mulher, essa "mísera criatura" de que o senhor nos falou, não tinha, por ela própria, essa possibilidade.*

— Não se engane! Claro, o mundo romano era profundamente machista. A mulher não tinha acesso à política, por exemplo. Mas ela era mais livre do que no mundo grego, no qual não podia sair sem ser acompanhada de uma criada, e era tratada como uma criança irresponsável. Em Roma, ela se divorciava quando quisesse! Assim, chegava a acontecer de o marido não saber se ainda estava casado ou divorciado.

— *Sua mulher se divorciava sem informá-lo?*

— Sim. Messalina, aborrecendo-se junto do imperador Cláudio, divorciou-se e se recasou sem que ele soubesse. Roma inteira, estarrecida, sabia. Menos o imperador. Messalina chegou até a levar uma parte do mobiliário imperial para recuperar seu dote. Uma noite, as duas concubinas que o imperador tinha por hábito convidar todas as noites para seu leito confessaram-lhe tudo: "Príncipe, Príncipe, Messalina se divorciou e tornou a se casar." E ela nunca mais voltou. Era assim. O divórcio de Messalina era legítimo. Se alguém se divorciava, convinha normalmente enviar uma carta ao cônjuge para adverti-lo. Por polidez, mas até mesmo essa formalidade podia ser negligenciada.

— Os *divórcios eram tão freqüentes?*

— Na alta sociedade, sim. O problema então era saber se a pessoa estava divorciada ou não. Um outro exemplo: Mecenas mantinha com sua mulher relações tumultuosas, e periodicamente ela saía porta afora. Colocava-se então a questão: essa partida era um divórcio ou não? Impossível saber. O casamento e o divórcio não somente eram atos privados, como também não eram atos formais. A mulher dizia: "Eu não me divorciei!" "Sim", respondia Mecenas, "eu não quero mais ver você, você se divorciou!" Um verdadeiro quebra-cabeça que deixou suas marcas na literatura jurídica. O direito romano é muito impreciso nesse domínio. Ele é feito de gestos, de atos, de símbolos, mas não de escritos. E uma vez que o jornal diário de Roma, os *Acta diurna*, que se regalava com esse gênero de fofocas, não revelava as coisas (para o imperador, ele não ousou), podia-se efetivamente estar divorciado sem saber.

A caça à viúva

— *Qual era o destino das mulheres sozinhas, solteiras, divorciadas?*

— Juridicamente, se fosse menor ou solteira, a mulher romana dependia de seu pai, ou de seu tio, ou de um tutor. Na realidade, o papel do tutor logo se tornou fictício. A mulher agia segundo sua própria vontade, podendo aceitar a proteção de um tutor em princípio, mas podendo se livrar dele caso ele passasse a incomodá-la. Com freqüência, uma mulher rica, não casada, exercia a função não exatamente de cortesã, mas de mulher

PRIMEIRO O CASAMENTO

mantida por um homem. Se ele estabelecesse um relacionamento com ela, convinha que a ajudasse a viver e lhe concedesse uma pensão.

— *Era um direito?*

— A mulher, de fato, tinha o direito de reclamar diante da justiça se esse contrato, mesmo que imoral, não fosse respeitado. Os testemunhos de processos mostram isso: o *status* da mulher que era sustentada era absolutamente legítimo. Se era viúva, ela mesma administrava seus bens, escolhia um gestor do qual em geral era amante.

— *Ser viúva portanto não era uma situação ruim.*

— Era uma situação ideal! As viúvas tinham uma liberdade de costumes absoluta. Teoricamente, deveriam ser vigiadas pelo tio paterno. Assim, dispondo de sua fortuna e tendo toda liberdade para redigir seu testamento, a viúva era assediada por verdadeiros "caçadores".

— *Caçadores de viúvas?*

— Sim. Em Roma, a caça à viúva era um dos modos usuais de amealhar fortuna. O capitalismo era, à época, rudimentar; era mais fácil apossar-se de uma fortuna já acumulada do que construí-la sozinho. Para se tornar rico, podia-se herdar, denunciar um oponente político ao imperador (este mandava cortar-lhe a cabeça ou o obrigava a se suicidar, e seus bens eram herdados) ou... caçar a viúva. Era uma atividade um tanto menosprezada, da mesma maneira que o comércio naquele tempo, mas perfeitamente admitida.

Um estupro legal

— *A mulher adúltera era tolerada?*

— Tudo dependia dos maridos. Alguns fechavam os olhos, e eram criticados por darem prova de fraqueza: o corno não era motivo de riso, reprovava-se sua falta de firmeza em relação à mulher. Ele não podia ser nem um bom militar nem um bom cidadão. Para a mentalidade romana, a preocupação maior era mostrar quem era o chefe. Se o homem surpreendesse a mulher com um amante, tudo lhe era permitido. A solução mais simples era fazer o amante ser humilhado por todos os escravos e pela criadagem. A mais radical era infligir-lhe o tratamento de Abelardo: a castração. Perfeitamente legal.

— *E a infeliz esposa? Que sorte lhe era reservada?*

— A mulher, não se toca nela! Era mandada embora, se o marido quisesse, mas não era o caso de matar os dois amantes na cama. De tempos em tempos, denunciava-se a má conduta dos seus. As duas filhas de Augusto foram exiladas por má conduta. Uma delas só fazia amor quando o marido a deixava grávida (ela teve seis filhos): daquele momento em diante ela arranjava um amante. "Como a barca já está lotada, dizia ela, não corro o risco de dar filhos ilegítimos a meu marido."

PRIMEIRO O CASAMENTO

— *Idealizava-se o casal, considerava-se a mulher inferior, mas lhe eram deixadas certas liberdades... Tudo isso parece paradoxal.*

— Era assim. Não adianta procurar a coerência nessa moral. Por um lado, a mulher era idealizada dentro do casamento, concebido como uma instituição nobre que exigia amizade; o divórcio era ainda mais igualitário do que em nosso direito moderno. Mas, por outro, havia esse absoluto desprezo dos homens por todos os inferiores, inclusive pelas mulheres. Um detalhe cru, que nos chega através de textos, mostra o que existia de inacreditável nessa "moral": o jovem esposo não deflorava sua mulher logo na primeira noite, ele a sodomizava. E isso na melhor sociedade! O fato é explicitamente relatado em numerosos textos, tais como os de Plauto e do poeta gaulês Ausone. O que se aproxima do mundo muçulmano. A noite de núpcias era um estupro legal.

Ser um chefe, mesmo na cama!

— *É esse o civismo de que o senhor falava, que se confunde com a ordem militar? Ser um verdadeiro chefe, mesmo na cama? É claramente uma ideologia de batalhão!*

— Totalmente. Roma era uma sociedade militarista. Não conhecia a virtude. Organização também não. Dizer que o sistema imperial romano foi um primor de organização é uma estranha afirmação. Foi um dos piores que já existiram! Dois terços dos imperadores morreram assassinados. Seu sistema execrável destruiu o império, devastou as populações: praticamente havia

A MAIS BELA HISTÓRIA DO AMOR

uma guerra civil a cada mudança de reinado. Mas os romanos nasciam com a convicção de que eram feitos para comandar: o mundo, as mulheres e os escravos.

— *É o que se ensinava aos meninos pequenos?*

— Muito cedo os meninos iam ao bordel, encorajados aliás pelos poderes públicos. Um dia, Catão o Censor, homem severo, viu dois homens jovens entrando em uma casa de tolerância. Disse-lhes: "Bravo! É melhor do que ir se deitar com as mulheres casadas!" Trata-se claramente de uma concepção militar da sexualidade: o importante é não trazer a desordem para dentro das famílias.

— *Haveria razão para se afirmar que a sociedade romana era pervertida?*

— Claro que não! Imagina-se a Antigüidade a partir de *Satiricon*[1] e dos filmes de Federico Fellini. É exatamente o inverso! O mundo romano foi um precursor do mundo maometano, foi puritano. Não havia orgias em Roma. Por isso, justamente, o *Satiricon*: ele descreveu não o que se fazia, mas o que não se fazia, o que se sonhava em fazer. Ficava-se babando, como um colegial dos dias de hoje diante de sua primeira revista pornô. Contam-se também alguns casos extravagantes: um nobre romano riquíssimo, de tal maneira depravado que... exigia ser servido à mesa por mulheres nuas. Alguns casos de orgias: ele expunha

---

[1] *Satiricon*: romance de Petrônio, mistura de prosa e verso (século I da era cristã), que descreve os costumes da época de Nero de uma forma realista e pitoresca. (N. T.)

PRIMEIRO O CASAMENTO

suas jovens escravas em um bordel especialmente organizado para seus convidados. E o caso de um pervertido que mandou instalar espelhos em seu quarto. Eram essas suas perversões!

A impossível nudez da amada

— *Só isso?*

— Sim. Na realidade, existia uma verdadeira censura dos costumes: só se fazia amor à noite, sem acender lâmpadas (caso contrário, dizia-se sem que se acreditasse por um segundo sequer, o sol seria conspurcado). Apenas os libertinos o faziam de dia. O homem honesto não via, pois, sua bem-amada nua, salvo talvez nos banhos. Vez por outra, à noite, se ele deixasse as janelas abertas, podia ocorrer uma oportunidade... Ah! A lua que penetrava dentro do quarto e revelava de súbito a nudez da amada... Era o grande clichê dos poemas.

— *Mas aquelas estátuas nuas, por todas as ruas, dentro dos palácios...*

— Elas mostram a que ponto o imaginário é diferente das condutas reais e do discurso oficial. Os romanos construíram com as estátuas de deusas um ideal de mulher o mais nobre, o mais sensual, o mais superior possível. Juno era a grande dama; Ártemis, uma caçadora independente; Vênus, um esplendor... Uma Vênus que pode ser vista no Capitólio, em Roma, que ornava provavelmente um estabelecimento de banhos ou um palácio imperial, mostra uma linha das costas tão vertical, tão nobre, que fica-se tentado a apelidá-la de "a princesa do belo traseiro".

43

— Mas tudo isso é apenas aparência, imaginação...

— O imaginário ia longe. Mas não tinha nada a ver com toda aquela verbosidade cívica, aqueles costumes escravistas e práticas puritanas. Se ele também era livre, é por se referir, na arte e na poesia, a deusas mitológicas, seres que não existiam a não ser na imaginação; por exemplo, toda vez que uma mulher do povo passava diante da estátua da bela caçadora Diana, mandava um beijo àquela deusa virgem e lhe rogava que lhe desse uma filha tão bela quanto ela. O abismo entre o machismo dos romanos e sua nobre imaginação era considerável.

O prazer da mulher, como assim?!

— Na realidade, os tabus sexuais eram muitos.

— Muitos dos gestos do amor eram tidos como absolutamente ignóbeis (razão pela qual os textos falam tanto deles): a felação notadamente, e sobretudo a cunilíngua, que desonrava um homem por colocá-lo a serviço de uma mulher. Havia três horrores supremos para um homem: dormir com a própria irmã, dormir com uma vestal, deixar-se sodomizar. Três coisas que foram atribuídas a tiranos, como Nero e Calígula (que foi um demente precoce). Para os homossexuais o importante era ser o ativo, nunca o passivo. Era preciso sempre dominar. Um escravo não contava: estava lá para ser consumido. Um homem livre, em compensação, não devia se deixar desfrutar por um outro homem e nem pôr-se a serviço de uma mulher. Ele tinha sua dignidade! O que um romano condenava mais que tudo era a frouxidão. Se você corresse em excesso atrás de mulheres, se fosse

PRIMEIRO O CASAMENTO

sensível demais à feminilidade, se oferecesse sua boca ao prazer feminino, você não era um chefe, era um covarde. Era o que havia de pior! Era essa a moral oficial.

— *Interessantes, esses romanos... Então essa convicção impregnava as relações privadas. É uma sexualidade de estupro que o senhor está descrevendo. Inútil procurar pelo prazer feminino em um ambiente assim...*

— O prazer feminino não era exatamente bem-visto. Um texto dizia: "Afinal de contas, é melhor dormir com as mulheres escravas ou alforriadas, pois, se você entrar no jogo do adultério mundano com as mulheres da sociedade, será obrigado a fazê-las gozar." Todo mundo supõe que Messalina, por ter feito aquela velhacaria com seu marido imperador, dava importância aos prazeres da cama: seria, pois, uma espécie de esfaimada, uma devoradora de homens. As passagens mais veementes falam de mulheres cujo ventre era "um poço de prazer". Com seu apetite, as mulheres desviam os homens do dever, dizia-se. O prazer feminino era um abismo de histeria, o prazer masculino era uma fraqueza de que não se falava. Devia servir apenas para fazer filhos, no casamento.

— *De todo modo, os homens podiam usar as escravas...*

— Oficialmente, a rigor podia-se fazer amor por prazer com as escravas, mas só isso... Em compensação, a conduta do amante que estava fazendo a corte (pois, na realidade, e pelo menos na alta sociedade, fazia-se a corte, embora os documentos falem pouco sobre isso) consistia em duas atitudes de obséquio: segurar o espelho enquanto ela se penteava e, quando ela voltava à

A MAIS BELA HISTÓRIA DO AMOR

casa, desfazer as tiras de suas sandálias colocando-se de joelhos. Quanta audácia! Era o grande romantismo! Os romanos o praticavam e gostavam de fazê-lo, mas não convinha confessar.

Contra a natureza

— *O senhor fala tanto da heterossexualidade como da homossexualidade. Desprezo pela paixão, aversão à frouxidão, exaltação do chefe... Tudo isso justifica uma homossexualidade masculina. Ela era totalmente banalizada?*

— Dois textos de autores latinos, Marcial e Propércio, o proclamam: "Estou farto dessas histórias de paixão, dessas intrigas, dessas complicadas mulheres da sociedade. É melhor relacionar-se com um menino, que é como tomar um copo d'água, que se esquece imediatamente." Antes de contrair matrimônio para dar chefes ao Estado e continuar a dinastia da família, a solução ideal para o dono da casa era deitar-se com seus jovens escravos, pois isso não lhe ocuparia o espírito. Ao menos não corria o risco de se apaixonar, ao passo que, por uma serva, sempre podia se enrabichar. Isso era dito com todas as letras. No final da República, um jovem da melhor sociedade que quisesse ganhar uns trocados prostituía-se. Isso fazia parte dos costumes.

— *E a homossexualidade das mulheres?*

— Era um horror! Sêneca, esse grande moralista, fazia a distinção entre o que era conforme à natureza e o que lhe era contrário. O filósofo Lucrécio, na qualidade de epicurista, dava muita importância à natureza, por isso não queria que se brincasse

PRIMEIRO O CASAMENTO

com isso, e reduzia o prazer apenas ao que fosse o mais natural possível. Em minha opinião, não há nada menos divertido do que um epicurista antigo! Eram piores do que os ecologistas! Lucrécio disse o seguinte: "Há libertinos que se dedicam a práticas inutilmente complicadas, mas nós, epicuristas, seguidores da natureza, não temos necessidade dessas complicações. Nossas mulheres devem ser possuídas por trás, à maneira dos animais, porque é natural. O esperma corre melhor", acrescentou, "por ela estar inclinada." Isso nos dá uma idéia do pensamento antigo sobre a matéria. Não, não era Fellini!

Estupro antes do casamento

— *Os camponeses conduziam-se da mesma maneira em sua vida privada?*

— Nada sabemos sobre isso. Juvenal fala, com ironia, da plebéia que foi a uma cartomante (os harúspices[2] eram muito caros) para saber se devia se divorciar do salsicheiro e desposar o vendedor de túnicas, o que nos permite suspeitar que, naquele meio de ricos comerciantes, a mulher tinha algum poder de decisão e os divórcios eram freqüentes. Um dos raros detalhes da vida camponesa que conhecemos não é muito esclarecedor: o velho camponês que não teve filhos surrupiou duas ou três crianças ou comprou-as do vizinho. Ou então as recolheu do monte de estrume onde eram colocadas as crianças abandonadas.

---

[2] Harúspice: sacerdote romano que consultava as entranhas das vítimas para formular prognósticos. (N. T.)

A MAIS BELA HISTÓRIA DO AMOR

— *Para fazer o que com elas?*

— Ele as adotou como fundo de pensão para seus dias de velhice: elas o alimentariam quando ele tivesse se tornado improdutivo. Nos campos, fazer a corte à mocinha era empurrá-la para um canto, estuprá-la e depois casar-se com ela. Pode-se supor, de acordo com os exemplos gregos, que esse roteiro era comum. De todo modo, o estupro fazia parte do jogo. Quando havia uma moça desonesta na região, ia-se estuprá-la em bandos. Era assim que muitas vezes a torcida dos gladiadores semeava o terror. "Ela está lá para isso..." Não sabemos mais nada além disso.

O *amor, um grande perigo*

— *Há uma coisa que fica faltando em toda essa história bastante chocante. Mal se ousa pronunciar esta palavra: o amor. Ou, se o senhor prefere, o sentimento amoroso, a paixão...*

— Entenda-se bem, eles eram como nós: apaixonavam-se com freqüência. Mas eles não nos contam, pois o amor era um grande perigo. A sociedade só se sustentava porque as pessoas permaneciam senhoras de si, qualidade necessária a fim de poder comandar o outro. Esse domínio militar de si impunha que não se cedesse aos próprios sentimentos. E, dentro de uma instituição nobre como o casamento, também não se cogitava de entrar em uma atmosfera sentimental.

PRIMEIRO O CASAMENTO

— *E a paixão?*

— Era boa para os poetas. Nos romances, contava-se com freqüência a história de dois enamorados que passaram pelas peripécias mais inacreditáveis: capturados por piratas, a mulher é vendida por bandidos, exilada, mas, no momento em que vai ser violada, Zeus fulmina os malvados... Ela escapa e continua virgem. Depois de vinte anos de peripécias durante os quais eles continuam tão jovens quanto no começo, terminam se casando e vivendo felizes. Isso se parece com os nossos romances comprados em bancas de jornal: a receita tem dois mil anos. Mas é apenas um romance.

— *E Antônio e Cleópatra, com sua paixão legendária?*

— É difícil não amar uma rainha que lhe dá todo o Oriente! Nós nos apaixonaríamos por menos. Um episódio da *Odisséia* de Homero diz tudo sobre Antônio e Cleópatra, com nove séculos de antecedência: Ulisses encontra Circe, que tem o dom de transformar os homens em porcos. Mas ele lhe resiste, pois obteve a proteção especial dos deuses. Então Circe lhe diz: "Vamos para a minha cama; se formos amantes, provaremos para nós mesmos que poderemos daí em diante confiar um no outro." Eis Antônio e Cleópatra. Eles também poderiam ter arranjado reféns. Preferiram ir para a cama.

A nova moral

— *E em seguida ocorreu uma reviravolta nessa história: bruscamente, por volta do século II de nossa era, os romanos adotaram uma nova moral...*

A MAIS BELA HISTÓRIA DO AMOR

— Sim. Foi uma mudança misteriosa que ocorreu pouco antes do ano 200, no tempo de Marco Aurélio. Uma outra Antigüidade estava começando. Tudo se endureceu. Começou a proibição aos maus costumes, dos quais até então se caçoava. Pouco a pouco foi se instaurando uma hostilidade muito clara ao aborto e a seu substituto, o abandono de crianças, que era comum e quase oficial (com exceção dos judeus, os únicos no mundo romano que criavam todos os filhos). As viúvas que dormiam com seus protetores foram estigmatizadas. A homossexualidade tornou-se passível de punição.

— *Era a repressão.*

— A doutrina oficial mudou: dali em diante, o pacto do casamento, que era apenas uma aspiração, se tornou um contrato mútuo (mas nem se cogitava de amor). O adultério do marido era considerado tão grave quanto o da mulher (mas não era verdadeiramente punido, nada de exagerar). A mulher se tornou a companheira, reconhecendo sua inferioridade natural, mas satisfazendo-se em cumprir seu dever. O bom marido devia respeitá-la. Os esposos deviam ser castos, controlar o menor dos seus gestos, não se acariciar demais, e fazer amor apenas para procriar. A sexualidade servia para produzir crianças. Os romanos inventaram o casal puritano! Foram eles que inventaram a moral conjugal!

Precursores dos cristãos

— *Mas é claramente o casamento cristão o que o senhor está descrevendo!*

PRIMEIRO O CASAMENTO

— Exatamente! O casamento dito "cristão" nasceu antes dos cristãos. Estes se contentaram em adotar e endurecer a nova moral pagã, o estoicismo de Marco Aurélio, a ela acrescentando por ascetismo seu próprio ódio ao prazer. Marco Aurélio vangloriou-se em seus *Pensamentos* de ter feito amor muito tarde e de não ter cedido à tentação de suas servas e de seus escravos. Dizer que o cristianismo é o fundamento de nossa moral é desprovido de sentido.

— *Então foram os romanos que inventaram a moral cristã, em suma.*

— De qualquer modo foi sob os pagãos, sob os romanos, que ela se forjou, devido a razões que ignoramos. Mas os costumes mudaram lentamente. No século V, Paulin de Pella, cristão da alta nobreza da Gália, produziu esta frase admirável: "Em minha juventude, dediquei-me bastante ao amor, mas deitei-me exclusivamente com minhas servas escravas, não com virgens nem com mulheres casadas." Isso diz muito sobre a evolução real da moral.

— *A virgindade antes do casamento passou a ser exigida?*

— A obsessão maometana da virgindade não parece ter existido nessa época. Nós não dispomos de nenhum testemunho que relate a exposição do lençol manchado de sangue após a noite de núpcias, ao menos na boa sociedade. Havia outros tabus. Entre o povo, por exemplo, as mulheres escravas iam dormir afastadas quando tinham suas regras (foi assim, aliás, que Spartacus alcançou uma vitória: como o acampamento de escravos revoltados

A MAIS BELA HISTÓRIA DO AMOR

havia se deslocado sobre as encostas do Vesúvio, levando junto as mulheres, as que estavam dormindo fora do acampamento viram chegar as legiões romanas e conseguiram dar o alerta). Não se conhecem histórias de moças assassinadas por não serem mais virgens.

Distribuição de chicotadas

— *Contudo, essa modificação na moral sacralizou o casamento. Trouxe algum benefício para as mulheres?*

— A nova moral era um palavrório ideológico. Mas, na prática, a coisa era outra... A nova moral era *um pouco* seguida nas numerosas seitas. É o que torna difícil o trabalho do historiador: os grandes determinismos não ocorrem de uma vez só, eles provocam apenas pequenas modificações. A história funciona na base do "um pouco". Essa mudança misteriosa de moralização em todos os sentidos que ocorreu por volta do ano 200, no tempo de Marco Aurélio, certamente modificou os costumes, mas... um pouco.

— *Os escravos se beneficiaram com essa evolução?*

— A partir de 200, a situação se parece com o que foi a escravidão no sul dos Estados Unidos, quando a primeira providência era batizar os escravos, antes de fazê-los trabalhar duro e fiscalizar seus costumes. Em Roma, os escravos continuaram tão mal-tratados quanto antes, mas a partir dessa época a dona da casa passou a conceder a uma ou a um de seus escravos o direito de se casar.

PRIMEIRO O CASAMENTO

Não se separavam mais os casais e as famílias. O moralismo começou a afetar aqueles míseros seres. Até certo ponto...

— *Ou seja?*

— Todas as manhãs, dentro das casas respeitáveis, havia distribuição de chicotadas. Um pouco antes do triunfo do cristianismo, um grande concílio reuniu-se perto de Sevilha, ocasião em que se examinou a conduta a ser seguida pelos cristãos e cristãs. Decretou-se o seguinte: se uma escrava tivesse sido surrada por sua dona até quase a morte, mas a morte ocorresse depois de três dias, a dona não seria considerada responsável. O que diz muito sobre a maneira como eram tratados os escravos.

A repressão

— *Sobreveio a decadência do Império. Supõe-se, depois de tê-lo escutado, que nossas idéias a respeito do fim do Império também são equivocadas. Continuou não havendo orgias, nem bacanais?*

— Não mesmo! Ao contrário, a coisa ficou mais rígida ainda: no ano de 394, um imperador cristão mandou recolher durante a noite todos os prostitutos dos bordéis de Roma e ordenou que fossem queimados em público em uma gigantesca fogueira. No mesmo ano, a primeira sinagoga foi incendiada. Ainda naquele ano, desembarcou em Cartago um homem encarregado de demolir os templos pagãos. Começou a perseguição aos hereges e aos cismáticos (mas não aos pagãos: eles perseguiam-se entre si). Contudo, o paganismo foi proibido. Os últimos romanos dessa história foram devidamente reprimidos pelos cristãos, pelos

A MAIS BELA HISTÓRIA DO AMOR

estóicos, pelos platônicos. Caso tenham dado ouvidos a essa gente, devem ter se divertido bem pouco! A partir de então, a ordem sexual iria reinar. Pelo menos em princípio... Pois vocês viram que o cristão Paulin de Pella não se aborrecia em seu harém de servas...

CENA 3

A Idade Média

E a carne se torna pecado...

Ah! O amor mais forte do que o exílio, mais forte do que a morte, o elixir que une para sempre, as declarações inflamadas dos cavaleiros, as longas lamentações dos amantes sacrificados ("Quando eu morrer, você sentirá dor tal, que, acrescentada à sua languidez, nunca mais conseguirá curar-se", gemia Isolda, separada de seu Tristão)... Uma certa Idade Média teria, dizem, celebrado a paixão, esse sentimento mortal, porém sublime. Calma! A época não foi tão romântica. E o amor não foi cortês, a não ser no adultério. De fato, o cristianismo veio impor uma pressão suplementar à pesada couraça que os últimos romanos colocaram sobre o homem e a mulher casados. E a carne se torna pecado...

A MAIS BELA HISTÓRIA DO AMOR

Não tão cortês assim

— **Dominique Simonnet:** *Dos costumes da Idade Média, duas imagens ficam retidas: a de um mundo feudal, brutal, viril, conquistador, no qual as mulheres são as presas. E a do amor cortês, do gracioso trovador curvado diante de sua dama gentil, que ele idealiza mas não toca. Dois clichês aparentemente contraditórios...*

— **Jacques Le Goff:** Eles não são contraditórios. Na literatura, a violência guerreira do feudalismo medieval convive muito bem com a exaltação da feminilidade, da castidade e da paixão própria do amor cortês. Aliás, também encontramos uma dicotomia similar na civilização japonesa no tempo dos samurais. Mas a história da Idade Média, e particularmente o amor cortês, tem sido objeto de inúmeras deformações e inúmeros mitos, inventados notadamente pelos românticos, que modelaram nossa sensibilidade. Junto com Georges Duby, grande medievalista, nós freqüentemente nos colocamos a seguinte questão: o amor cortês existiu realmente? Ou foi apenas uma fantasia? O historiador católico Henri Irénée Marrou (que escreveu sob o pseudônimo de "Davenson") fez a mesma pergunta, formulando-a em termos mais brutais: os trovadores faziam sexo?

— *A pergunta tem o mérito de ser explícita. E a resposta?*

— A documentação de que dispomos sobre o amor na Idade Média, essencialmente literária e iconográfica, não nos permite resolver esta última questão. Os únicos, talvez, que estiveram próximos do amor cortês foram Heloísa e Abelardo. Depois de hesitar muito, hoje eu acho que a correspondência entre eles foi um pouco modificada, mas é autêntica.

PRIMEIRO O CASAMENTO

— *Por terem experimentado uma paixão secreta fora do casamento, Abelardo foi castrado; Heloísa, enclausurada...*

— Sim, mas esses dois são casos únicos. Aliás, mais tarde se transformarão em símbolos: em *Le Roman de la rose* (*O romance da rosa*), eles aparecem em destaque nas ilustrações de casais apaixonados. O ideal cortês não modificou os costumes em profundidade, mesmo que tenha impregnado ligeiramente os costumes das classes superiores (pois as fantasias de uma época sempre influenciam a realidade). Para mim, foi essencialmente literário, e se instalou no imaginário, exatamente como as fábulas, essas estórias simples que falam dos desejos camponeses e burgueses.

— *Tristão e Isolda, o elixir da paixão, aqueles cavaleiros que guerreavam sonhando com suas belas, as declarações de fidelidade declamadas, de joelho no chão, durante os torneios... Tudo isso seria então literatura?*

— De fato, eu tendo a achar que sim. O que nós sabemos dos costumes daquela época é bastante diferente e não se aproxima de uma prática "cortês" entre homens e mulheres. Jean-Charles Huchet, aliás, escreveu um bom livro sobre *L'Amour discourtois* (*O amor descortês*).

Os reis francos polígamos

— *Vamos tentar compreender o que se passava entre eles. Após a queda do Império Romano, vêm os bárbaros, francos, visigodos e outros ostrogodos, gente nada delicada. Ao se converterem*

A MAIS BELA HISTÓRIA DO AMOR

ao cristianismo, aderiram a essa nova moral puritana de que nos falava Paul Veyne, a qual, a partir de então, fez reinar a ordem sexual?

— A cristianização dos costumes foi muito lenta. A interiorização das concepções da Igreja nas mentalidades e nas práticas demandou séculos. Com base nos escritos de Gregório de Tours, um dos grandes cronistas da Gália, insistiu-se freqüentemente no caráter selvagem do primeiro período da Idade Média, o que não é inteiramente falso. Naquele tempo, no período merovíngio, a poligamia, que praticamente não existia mais em Roma, ainda era praticada pela aristocracia bárbara. Até a época do pai de São Luís, Luís VIII (1223), os reis francos permaneceram polígamos! Por volta do ano 1000, houve inúmeros escândalos por conta disso, envolvendo Lotário ou Roberto, o Pio.

— *Naquele tempo, contudo, as pessoas se casavam obedecendo a regras extremamente rígidas.*

— Temos muito pouca informação sobre as práticas dos camponeses, apesar de constituírem 90% da sociedade. Para os nobres, de todo o modo, o casamento era de "conveniência", ou seja, determinado pelo rei, o grande casamenteiro, que segurava as rédeas da nobreza prodigalizando-lhe favores, terras e dotes. Georges Duby conta, por exemplo, como Ricardo Coração de Leão e João sem Terra garantiram a submissão de Guilherme, o Marechal, um senhor que foi um de seus primeiros guerreiros e conselheiros: fizeram-no desposar mulheres pertencentes a um nível mais elevado, o que lhe deu prestígio. Dentro da família, eram os anciãos que organizavam o casamento. Além disso, o

PRIMEIRO O CASAMENTO

casamento era um contrato civil, celebrado diante de um notário e limitado à Europa meridional.

— *Portanto, escapava ao controle da Igreja.*

— Sim, mas a partir do século XII a Igreja começou a estender aos poucos seu poder sobre o casamento: tornou-o um sacramento (o que ele só se tornará verdadeiramente no século XV, quando passa a ser celebrado dentro das igrejas e não mais diante delas) e impôs seu modelo: a indissociabilidade dos laços e a monogamia. Ao fazer isso, passou a dar mais liberdade.

— *Mais liberdade!*

— Claro! Não nos esqueçamos o quanto a moral antiga era opressiva, exatamente como descreveu Paul Veyne. O casamento cristão passou a exigir o consentimento de cada um dos esposos, o que não acontecia antes. Não somente o do marido, que podia se opor ao poder do monarca ou de sua família, mas também o da mulher. Não foi pouca coisa!

O *amor cortês é o adultério!*

— *Consentimento mútuo, pode ser... Os esposos adquiriram um novo direito. Mas o exerceram mesmo?*

— Não sejamos ingênuos: muitos casados não aproveitavam essa liberdade porque o peso da sociedade continuava a se manifestar. Contudo, conhecemos diversos exemplos de processos diante dos tribunais eclesiásticos nos quais os casados reclamavam

A MAIS BELA HISTÓRIA DO AMOR

essa liberdade que lhes estaria sendo recusada. Comparado às práticas do mundo greco-romano (não nos esqueçamos de que na democracia ateniense as mulheres não tinham nenhum direito), o cristianismo, de uma certa maneira, fez progredir o *status* da mulher com essa idéia revolucionária do consentimento mútuo.

— *Mas, como reverso da medalha, a Igreja se insinuou na intimidade do casal.*

— Exatamente. Nós observamos, Michel Foucault e eu, o quão profundamente o ano de 1215 marcou a psicologia e a cultura do Ocidente. Nesse ano foi decretada a obrigação para todos os cristãos, de ambos os sexos, a partir dos 14 anos, de se confessar pelo menos uma vez por ano, o que resultou na comunhão da Páscoa e no exame de consciência, base de nossa introspecção e da psicanálise (mas o confessionário só será inventado no século XVI e generalizado no século XVII). Foi também em 1215 que o quarto Concílio de Latrão, que reuniu os bispos cristãos romanos sob a autoridade do papa, tornou obrigatória a publicação de proclamas um mês antes do casamento.

— *Qualquer um, se tivesse uma boa razão para fazê-lo, poderia se opor a um casamento. Por que uma medida como essa?*

— O objetivo era impedir a consangüinidade: originalmente, a proibição se estendia até o sétimo grau, mas, em uma sociedade um tanto endógama, isso não era realista, e a restrição foi limitada até o quarto grau. Para a Igreja, era um meio de controle. Mas, ao mesmo tempo, a publicação dos proclamas dava aos futuros cônjuges a possibilidade de anular o casamento. Para eles

PRIMEIRO O CASAMENTO

era, portanto, uma possibilidade de conquistar uma certa independência. Muito explicitamente, a Igreja queria contrabalançar o poderio da linhagem e o peso das famílias.

— *Mas o casamento cristão era indissolúvel. Nada de divórcio, ao contrário dos romanos... Sob esse aspecto, as mulheres, desta vez, nada ganharam.*

— É verdade. Então as pessoas se refugiavam no adultério. É precisamente o que reflete a literatura cortês que floresceu naquele momento. Do que falava na realidade? De jovens cavaleiros que faziam tudo para tirar a mulher de um outro. De acordo com essa concepção, o himeneu se desenvolvia sempre fora do casamento e no adultério. Tristão e Isolda, um caso de adultério. Guenevere e Lancelot, um caso de adultério. O amor cortês era o adultério! E, talvez inconscientemente, hipótese já levantada, o homossexualismo.

A Virgem superstar

— *Agora compreendemos melhor o sentido disso. O senhor que partia para guerrear se transformava no marido enganado!*

— Um dos principais cronistas do século XII, Foucher de Chartres, disse claramente: entre as motivações que empurravam os cavaleiros para a cruzada incluía-se a procura de mulheres. Tanto mais que naquele momento o forte crescimento demográfico produzia, na camada nobre, grande número de homens jovens sem mulheres. Entre as mulheres que seguiam os cruzados havia prostitutas, mas, por vezes, esposas. Leonor de

A MAIS BELA HISTÓRIA DO AMOR

Aquitânia, uma consumada vadia, unicamente preocupada com o poder e o sexo, aproveitou-se, aliás, para enganar o marido, Luís VII. Quanto a São Luís, ele não foi um marido ideal: sua mulher, Margarida de Provence, deu à luz em pleno desastre de sua primeira cruzada, depois de ter entabulado hábeis negociações para libertá-lo, e ele sequer se deu ao trabalho de ir visitá-la. Até Joinville, seu cronista e admirador, ficou indignado.

— *Ao mesmo tempo, nesse clima um pouco hipócrita, desenvolveu-se a idéia de virgindade.*

— O prestígio das virgens já havia sido exaltado pelo paganismo romano. Os cristãos retomaram e promoveram essa idéia. Na sociedade européia ocidental (deixemos à parte Bizâncio e a Europa do Leste que estava sob sua tutela), o culto da Virgem Maria impôs-se a partir do século XII. A Virgem foi colocada acima de todos os santos que, ao longo da Idade Média, foram se especializando: de um se esperava que curasse determinada doença, de um outro que tornasse as mulheres fecundas ou salvasse do naufrágio... A Virgem se tornou a provedora da sabedoria e da salvação, com um novo estatuto na sociedade, não sendo destituído de importância o fato de ser uma mulher. Simboliza também o triunfo da maternidade, atribuindo-lhe uma característica mística e sentimental. As mães, as que davam a vida, adquiriram prestígio, tanto mais que a mortalidade infantil diminuía graças aos progressos da alimentação e da higiene; assim, eram elas que traziam ao mundo crianças viáveis que se tornavam adultos.

PRIMEIRO O CASAMENTO

"Não fornicarás"

— *Mas a virgindade era também a castidade. A sexualidade era cada vez mais severamente condenada.*

— Isso mesmo. Maria continuou virgem depois do casamento, e Cristo era solteiro. Como Paul Veyne relatou, a condenação da sexualidade foi inaugurada pelos romanos, que instauraram uma espécie de puritanismo da virilidade, limitado à vida sexual do casamento, e condenaram o aborto. O cristianismo generalizou essa moral e acrescentou a ela um novo motivo: a exigência de pureza, justificada pela aproximação do fim do mundo. São Paulo disse: "Eu vos digo, irmãos, o tempo está acabando. De agora em diante, os que têm mulher devem viver como se não mais tivessem." Era a grande novidade: a carne era pecado! Mais ainda: o pecado original era um ato da carne.

— *A humanidade foi engendrada convicta da falta que acompanha todo acasalamento.*

— Sim. Essa idéia, que não é encontrada no Evangelho de João (a carne foi resgatada por Jesus, uma vez que "o verbo se fez carne"), foi promovida por São Paulo, que era muito antifeminista ("Deus condenou o pecado da carne, pois o desejo de carne é a morte"), e popularizada pelos padres da Igreja.

— *E terá grande peso sobre os costumes por todos os séculos e séculos.*

— Sim. O modelo monástico irá, com efeito, influenciar fortemente a mentalidade ocidental. Para mim, é o aspecto mais

A MAIS BELA HISTÓRIA DO AMOR

negativo do cristianismo. Essa doutrina justificará a repressão de um grande número de práticas sexuais. A sexualidade então se tornou luxúria, concupiscência, fornicação, o que era condenado pelo sexto mandamento ("não fornicarás"). A alta Idade Média retomou as proibições do Antigo Testamento (incesto, nudez, homossexualismo, sodomia, coito durante as regras); o Livro do Eclesiastes já era antifeminista ("É através da mulher que o pecado começou e é através dela que todos nós morreremos"). A partir de então o corpo passa a ser tratado como um lugar de perdição. Ele perde a dignidade.

O prazer, sempre culpado

— *A sexualidade se tornou responsável por todos os males.*

— Sim. Aproveitou-se a oportunidade para desprezar mais ainda os camponeses, esses vilões, esses analfabetos, esses animais que não sabiam controlar seus desejos e se entregavam à falta de pudor (o que justificava a servidão: pois, afinal, se eles eram escravos da carne, mereciam ser escravos dos senhores). Pensava-se também que doenças como a lepra e a peste se deviam a uma sexualidade culpada (supunha-se que a fornicação se tornava visível na superfície do corpo). O bispo Cesário de Arles proclamou isso em um sermão: "Os leprosos geralmente não nascem de homens sábios, que mantêm a castidade nos dias comuns e nas festividades, mas sobretudo de homens grosseiros, que não sabem se conter." E essa condenação valia também, e sobretudo, para os casados.

PRIMEIRO O CASAMENTO

— *Até no casamento!*

— Sim. O casamento foi a maior vítima dessa moral anti-sexualidade. Era considerado como um mal menor, mas também marcado pelo pecado, a concupiscência que acompanhava o ato sexual. Na primeira metade do século XII, o teólogo Hugues de Saint-Victor ainda disse o seguinte: "Se o acasalamento dos pais não se faz sem desejo carnal, então a concepção de filhos não se faz sem pecado." São redigidas listas de proibições nas quais a condenação da carne é onipresente, as quais os homens e mulheres casados devem observar em suas práticas sexuais. Claro, é provável que fossem seguidas ao pé da letra. Mas a sexualidade permanecia culpada, e o prazer, condenável.

— *A sexualidade, ou, mais precisamente, a castidade, impunha-se como um critério "moral" maior.*

— Que melhor barreira se poderia instituir entre o clero e os laicos do que a sexualidade? Dali em diante, separaram-se os puros e os impuros: os membros do clero não deviam expelir nenhum líquido impuro, nem esperma nem sangue. Os leigos deviam se esforçar para canalizá-los. Assim, a Igreja, inspirada no espírito monacal, se tornou uma sociedade de solteiros e encerrou os leigos em seu modelo, o do evangelho, do casamento monogâmico indissolúvel e, mesmo assim, manchado de pecado. Um tal controle da vida sexual dos casais teve grande peso sobre a vida cotidiana dos homens e das mulheres daquele tempo, provocando conseqüências sobre a demografia, sobre as mentalidades, sobre as relações entre os sexos.

O *erotismo do cântico*

— *Nenhuma resistência se manifestou contra tantas restrições?*

— Houve alguns sobressaltos. No século XIII, Tomás de Aquino ousou afirmar que entre esposos, dentro de certos limites, o prazer no ato sexual conjugal era lícito, o que permite supor que havia uma enorme pressão dos leigos nesse sentido. Ele foi o primeiro a dizê-lo, e o único durante muito tempo. De que maneira a sociedade medieval defendeu-se contra esse cerceamento moral? Reagiu através do riso, da comédia, da zombaria... No século XIV, Boccaccio, a quem a Igreja não conseguiu impedir de escrever, surgiu como um verdadeiro antídoto a todas aquelas restrições. O riso era uma válvula de escape, um meio de diminuir o peso da opressão da Igreja.

— *Na Bíblia existe também o famoso Cântico dos Cânticos, que faz o elogio do amor e da paixão.*

— De fato, louva o amor conjugal, a febre amorosa e até mesmo o erotismo! Devido à sua beleza literária, aos sentimentos que exalta, ele triunfou: aliás, no século XII, foi o livro do Antigo Testamento que teve maior sucesso (no século XI, tinha sido o Apocalipse), o que denota uma certa transformação de estado de espírito, relacionado ao desenvolvimento do ideal cortês. Evidentemente, isso inquietou a Igreja. Então, para dar um fim às proposições perigosas e blasfematórias desse belo texto, teólogos ortodoxos se defendem, criando uma interpretação alegórica: a "bem-amada" de que tratava o Cântico dos Cânticos era... a Igreja! O amor deveria ser unicamente dirigido a Deus.

PRIMEIRO O CASAMENTO

— *A palavra "amor", naquela época, era até mesmo utiliza-da no sentido pejorativo. A paixão era vista como destruidora, nociva...*

— Sim. É uma das grandes diferenças entre o amor na Idade Média e o amor hoje em dia. Naquele tempo, fazia-se a distinção entre *amor*, que indicava a paixão selvagem, violenta, condená-vel, e *caritas*, o bom, o belo amor, termo especificamente cristão que se difundiu no vocabulário da Idade Média e que significava o cuidado dispensado ao próximo, ao pobre, ao doente (depois seria terrivelmente desvalorizado, adotando o sentido de carida-de, de esmola).

O *sexo no purgatório*

— *A condenação da carne e da paixão, o senhor nos dizia, é também a condenação do corpo. A partir desse instante, o corpo foi se tornando objeto de repulsa.*

— Sim, mas era uma questão contraditória. Na sociedade medieval, a tensão entre a glorificação do corpo e sua humilha-ção era extrema. Por um lado, o papa Gregório Magno declarou: "O corpo é a abominável vestimenta da alma." Por outro, os cor-pos iriam ressuscitar no final dos tempos, Adão e Eva eram fre-qüentemente representados nus. Durante a Idade Média, o cor-po oscilou, pois, entre o rebaixamento e a glória. Um certo número de clérigos e teólogos perceberam a contradição e lhe fizeram alusão em seus sermões. Aliás, essa contradição subsiste ainda no ritual de nossos funerais: o desfile dos fiéis incensando o corpo que será em seguida coberto de terra, entregue aos vermes antes de ressuscitar. Mas, a partir da Idade Média, a representação da mulher nua, com as serpentes mordendo os seios e o sexo, começa a ocupar o imaginário sexual do Ocidente.

— Por volta do século XII, houve uma outra novidade: a invenção do purgatório. Foi uma ocasião para que a sexualidade pudesse ser recuperada?

— A irrupção do purgatório como parte das crenças cristãs na Idade Média é tão importante quanto a abolição da pena de morte no mundo atual. Foi criado para que se pudesse escapar do inferno (no qual as pessoas acreditavam de verdade). Permitia aos vivos interceder em favor dos pecadores. O purgatório era a esperança. Dentre os que o purgatório podia salvar, estavam os usurários e, de fato, os fornicadores. Conhecemos a anedota da monja que fez amor com um monge e teve um filho. Ela apareceu para sua família algum tempo depois de morrer e se queixou: "Por que vocês não rezam por mim para me tirar do purgatório? por que não mandam rezar missas?" A família responde, estarrecida: "Nunca poderíamos imaginar que você pudesse estar em outro lugar que não no inferno!" O purgatório salvava, entre outras coisas, a sexualidade. Mas não as práticas ilícitas, sempre condenadas ao inferno. Assim, a homossexualidade, que se havia beneficiado, pelo menos até o século XII, de uma certa indulgência da Igreja (a ponto de uma forma de cultura *gay* ter se desenvolvido em seu seio), tornou-se quase heresia.

— O senhor parece dividido ao fazer a análise desses amores medievais. Pois mesmo que tenham surgido algumas novas liberdades, o peso da moral continuou ainda muito opressivo.

PRIMEIRO O CASAMENTO

— Sinto-me, de fato, dividido. Mas em História precisamos admitir que coisas contraditórias podem conviver. O amor na Idade Média produziu liberdades e opressões. E a sexualidade não foi um dos domínios de maior tolerância ou esclarecimento na Idade Média. Quando se reflete sobre o longo prazo, tende-se a privilegiar o caráter liberador. Por exemplo, o modelo literário do amor cortês ainda hoje é encontrado nos galanteios que se fazem para as mulheres. De todo modo, aquela moral cristã de origem monástica, que reprimia a sexualidade, iria perdurar durante longos séculos e pesar opressivamente sobre nossas mentalidades. Nesse sentido, todos nós nascemos da Idade Média. Para o pior e para o melhor.

Segundo Ato

Depois o sentimento

CENA 1

O Antigo Regime

A ordem sexual reina

Alguém falou em "Renascimento"? Houve um renascimento, mas certamente não foi o do amor. Nem do prazer. Entre 1500 e 1789, a Igreja e o Estado colaboraram para impor uma ordem moral sem igual, ao mesmo tempo deixando os Dom Juans, Casanovas e outros marqueses pouco divinos aproveitar nos bastidores. A sexualidade foi considerada abjeta, suja, tal qual um flerte com o diabo. As pessoas se vestiam até o pescoço para ir para a cama, suspiravam e choravam... Romeu e Julieta morreram por sua paixão impossível, e Berenice se sacrificou em nome de interesses superiores ("Dans un mois, dans un an, comment souffrirons-nous, seigneur, que tant de mers me séparent de vous").[1] *Contudo, nos campos, entre homens e mulheres se esboçava uma promessa de mudança, como um outro e discreto renascimento...*

---

[1] «Dentro de um mês, dentro de um ano, como vamos sofrer, senhor, com tantos mares a nos separar." De *Berenice*, de Racine. (N. T.)

A MAIS BELA HISTÓRIA DO AMOR

O *monopólio da carne fresca*

— **Dominique Simonnet:** O *amor e a sexualidade, reprimidos pela nova moral cristã, parecem ter saído em mau estado da longa Idade Média descrita por Jacques Le Goff. Gostaríamos de pensar que os três séculos ditos "modernos", da Renascença até a Revolução, nos quais brilharam Shakespeare, Rembrandt, Molière, Racine, foram um pouco mais suaves, mais sensuais...*

— **Jacques Solé:** É preciso desconfiar da mitologia liberal do Renascimento, muito exagerada. A sociedade do Antigo Regime tentou encontrar um equilíbrio entre a necessidade social da reprodução e o controle do prazer e do sentimento. Sob certos aspectos, o século XVI continuou ainda medieval: durante esse período prevaleceu o casamento cristão da Idade Média, baseado no consentimento mútuo dos cônjuges. Mas iria surgir um movimento contraditório: de um lado, a Reforma e a Contra-Reforma, ajudadas pelo Estado absolutista, empenharam-se ativamente em reprimir o amor e a sexualidade; de outro, de maneira espontânea, os indivíduos se engajaram em uma lenta transformação para desenvolver uma nova liberdade sentimental.

— *A sexualidade iria continuar sendo reprimida, mas o sentimento começaria a ser valorizado?*

— Como sempre, é preciso fazer a distinção entre a moral apregoada e a maneira como era seguida pelas pessoas. Se acreditarmos nos textos da época, o casamento não era o lugar da paixão nem do prazer. Na realidade, o amor era vivido de maneira fundamentalmente diferente pela classe popular, essencial-

DEPOIS O SENTIMENTO

mente camponesa, e pela classe aristocrática. No final da Idade Média, os comportamentos eram próximos. Então, um fosso se abriu: para os sentimentos e a sexualidade, passaram a existir na verdade dois mundos.

— *Em que esses dois mundos se distinguiam?*

— Entre os ricos, as moças continuavam a se casar jovens, como Julieta, desposada com menos de 15 anos por seu Romeu. Assim, era possível uma mulher ter até vinte partos ao longo de sua vida. A aristocracia européia conservou por muito tempo esse monopólio do consumo de carne fresca, para proveito dos homens, bem entendido. Na França do século XVI, Montaigne achava que, para um homem, era sensato não se casar antes dos trinta anos. Além do mais, entre os nobres o casamento custava bastante caro. Não se cogitava escolher livremente uma noiva.

— *Nem se pensava em amor.*

— A moça jovem era como gado, vendida no mercado conjugal. O amor era excluído da transação. No meio do século XVII, chegou-se a estabelecer uma "tabela dos casamentos" que fixava o partido casadouro: segundo o montante do dote, tinha-se direito a um comerciante, um vendedor, ou um marquês... Em 1730, Sílvia, a personagem de Marivaux em *Le Jeu de l'amour et du hasard* (*O jogo do amor e do acaso*), continuava a protestar contra os casamentos de conveniência que desprezavam os sentimentos, mas sua reivindicação não tinha nenhum eco na boa sociedade.

A MAIS BELA HISTÓRIA DO AMOR

— *Mas mesmo assim imaginamos que algumas uniões escapavam desse cinismo. Havia um número razoável de casais jovens apaixonados?*

— Lógico! Não nos esqueçamos de que nessa época se morria jovem: em Manchester, na Inglaterra do século XVII, por exemplo, mais da metade dos jovens casados não tinha mais pai. Assim, um jovem casado, não tendo mais seus pais, dispunha, por isso mesmo, de uma certa liberdade. Mas o fenômeno mais importante desse período ocorreu nas classes populares: a partir de 1550, mais ou menos em toda a Europa ocidental, o casamento começou a se tornar cada vez mais tardio entre os camponeses. Na diocese de Canterbury, no começo do século XVII, as pessoas casavam em média por volta dos 26 anos no caso dos homens e dos 24 anos no caso das mulheres. Portanto, ao contrário do que se acreditou por muito tempo, numa idade próxima à do casamento em nossos dias!

Um novo vínculo conjugal

— *Por que a gente do povo se casava tardiamente?*

— O casamento de antigamente, como dissemos, se justificava pelo interesse. Certo, só que com a condição de haver... interesses! No caso dos pobres, eles possuíam poucos bens. Para se casarem, esperavam conseguir um pedacinho de terra, uma qualificação profissional. Muitas vezes, a mulher procurava juntar um pequeno pecúlio, ia à cidade empregar-se como criada e economizava tostão por tostão, por vezes durante dez anos antes

DEPOIS O SENTIMENTO

de se unir. O casal de camponeses adquiria desse modo uma autonomia econômica.

— *Isso mudava as relações entre eles?*

— Sim, foi uma conseqüência importante: o papel da mulher era valorizado, os cônjuges ficavam mais maduros, juntavam-se com um espírito de equilíbrio, de igualdade, e a afetividade passou a ter um papel na formação do vínculo conjugal. Os pobres sonhavam mais com o amor e a atração física. Esta foi uma das grandes mudanças desse tempo: os camponeses inauguraram o casamento por amor! Nesse domínio, as pessoas do povo foram as precursoras. As classes superiores os seguiram lentamente nesse progresso da afetividade.

— *Essa revolução operou-se a despeito das reticências da Igreja.*

— Tratava-se de um amor aprisionado, é verdade, o dever ainda falava mais alto. Os que ditavam o pensamento do momento, teólogos, médicos, juristas, sustentavam todos o mesmo discurso: o casamento tem como único objetivo a procriação, que serve para trazer novos indivíduos para a sociedade. Mas as pessoas não seguiam à risca a linha oficial, e expressavam grande desejo de viver seus amores.

— *Donde os conflitos entre gerações cada vez mais freqüentes...*

— Sim. Vê-se aí a uma contradição importante entre o indivíduo e a sociedade, da qual o teatro de Molière é testemunha:

A MAIS BELA HISTÓRIA DO AMOR

seu grande tema foi a relação difícil entre os pais e os filhos que queriam ter o direito de se casar livremente. Os arquivos que estudei, da jurisdição de Troyes no século XVI, estão repletos de anedotas desse tipo, absolutamente parecidas com as das comédias de Molière e de Marivaux. Havia uma imensa aspiração a viver o amor no âmbito da instituição conjugal.

Proibição de dormir nu

— *Ainda assim, trata-se apenas de sentimento. Como sempre, nada de prazer!*

— Exatamente. A Igreja podia fazer uma concessão quanto ao casamento por amor, mas certamente não para o prazer carnal. Fora ou dentro do casamento, era severamente condenado. A ordem sexual reinava mais do que nunca! É até mesmo provável que se tenha vivido melhor o prazer carnal no final da Idade Média do que no século XVII.

— *O senhor está querendo dizer que a repressão prosseguiu e se agravou?*

— Naquela época, os dignitários das Igrejas cristãs estavam absolutamente obcecados pela repressão à sexualidade (e sabe-se, de acordo com Michel Foucault, que quanto mais se é repressor em relação à sexualidade, mais fica claro que, na realidade, atribui-se importância a ela). O casamento tardio foi também o triunfo do ascetismo! Como relatou Jacques Le Goff, a Igreja da Idade Média equiparou a sexualidade ao pecado original. Claro, a Igreja assumiu um compromisso com a sociedade e aceitou a

DEPOIS O SENTIMENTO

procriação no âmbito conjugal. Mas foi em último caso. A virgindade, considerada como superior ao casamento, era exaltada, e era preconizada uma conduta casta. As reformas cristãs cercearam mais ainda os costumes.

— *De que maneira?*

— Pretendiam promover um retorno às origens, à pureza dos primeiros cristãos. Tratava-se de exercer um controle social absoluto. Nada de relações sexuais antes do casamento, nada de violações no casamento! Os esposos não deviam se amar como amantes! Proibição de dormir nu (o reinado inédito do camisolão de dormir)! Retomavam-se os princípios sombrios e tristes de Santo Agostinho. O ascetismo se tornou o valor supremo. Para as Igrejas cristãs, as relações sexuais que não tinham por objetivo imediato a procriação eram vizinhas da prostituição. Na Europa inteira, as autoridades religiosas conseguiam transformar o sexo em ato abjeto, e o mínimo aparato feminino em tentação diabólica. Era uma ordem moral terrível pesando sobre a sexualidade. O Ocidente das reformas intentou aprisionar o sexo.

Decapitados por um beijo

— *Mas essa repressão sexual que se desenvolveu, que se generalizou, não foi somente fruto da moral religiosa. O Estado também tratou de cercear os costumes.*

— Exatamente. O Estado burocrático inventado pelo Antigo Regime ocidental quis impor uma disciplina sexual da mesma forma que impôs o fisco. Ele agiu como o braço secular da moral

A MAIS BELA HISTÓRIA DO AMOR

religiosa. No século XVI, na Itália, punia-se o adultério com a prisão, o que não acontecia na Idade Média. As mulheres culpadas eram chicoteadas, nuas da cintura para cima, ou tinham o cabelo raspado; os corruptores de menores eram condenados à morte e quem beijasse uma mulher casada ou viúva podia receber um castigo corporal que podia chegar, na cidade de Fermo em 1589, até a decapitação. Em Nápoles, no começo do século XVII, condenavam-se à morte os que beijassem publicamente uma mulher casada. Na França, em 1556, um edito de Henrique II exigiu que todas as moças grávidas fizessem uma declaração pública de gravidez... Na Inglaterra de Cromwell, também eram condenadas à morte as mulheres adúlteras (não os homens, é lógico). Os registros do Consistório de Genebra dirigido por Calvino mostraram, da mesma forma, severidade com os delitos sexuais.

— *Não foi nada divertida a época da Renascença! Na verdade, foi bem pior do que os séculos precedentes!*

— Isso mesmo! Foi um grande esforço de moralização, uma cruzada terrorista que alcançou toda a Europa. Veja as prostitutas, por exemplo. Os soberanos dos séculos precedentes se contentaram em expulsá-las para fora das cidades ou em controlar suas atividades. Tudo mudou na Renascença: a prostituição passou do regime do gueto para o da proibição. Na Londres do século XVI, puniam-se as prostitutas com chicotadas; as cafetinas eram exibidas em carroças através da cidade e obrigadas a trabalhos forçados. No século XVII, redigiam-se listas negras para apontar as mulheres depravadas. Perto de 10.000 mulheres foram deportadas para a América por "conduta irregular" no século XVIII... Na França, eram encerradas nas prisões e nos asilos como a Salpêtrière, antecâmara da deportação para as

DEPOIS O SENTIMENTO

Américas. Sob Luís XIV, toda moça surpreendida com soldados nas proximidades de Versalhes tinha o nariz e as orelhas cortados... Na Espanha de Goya, as mães solteiras eram objeto de processos judiciais. Em Viena, sob a imperatriz Maria Teresa, terrivelmente carola, comissários da castidade espionavam as moças bonitas e espreitavam qualquer ofensa à moral oficial...

— *Quanto ao homossexualismo...*

— O Estado medieval não perseguiu o homossexualismo, deixando esse cuidado com a Igreja, mas o poder dos Tempos Modernos condenou-o. Na Inglaterra protestante, Henrique VIII decretou a pena de morte por enforcamento para os culpados de homossexualismo, considerado um crime de alta traição... Sim, de uma maneira geral, no que concerne à sexualidade, a Renascença foi bem menos esclarecida e mais desumana do que a Idade Média. E assim a repressão foi crescendo até a Revolução. A moral terminou por interiorizar-se nos espíritos, mesmo dos que não eram alcançados diretamente pelos ensinamentos da Igreja. Foi preciso esperar até a metade do século XX para que as mentalidades começassem a mudar.

Carícias sobre montes de feno

— *Imagina-se, espera-se que na intimidade os jovens apaixonados não tivessem interiorizado toda aquela moral assustadora, que tentassem contorná-la... Longe dos pregadores e dos delatores, de algum modo eles deviam ter suas experiências antes do casamento, não?*

A MAIS BELA HISTÓRIA DO AMOR

— Mais uma vez, dependia da classe social e variava de acordo com as regiões. Na Normandia, os jovens se prometiam um ao outro, mas permaneciam pacientes e esperavam, às vezes por muito tempo, pelo grande dia. Mas nem todas as regiões européias seguiram esse exemplo de angelismo normando. Por exemplo, nos Pireneus e na Champanhe, reinava uma grande liberdade sexual. Nos campos, durante a Renascença, homens e mulheres dormiam no mesmo leito, tomavam banho juntos nus. Os casais se tocavam, faziam brincadeiras nos prados e nos estábulos, desnudavam-se à noite... Em toda parte as pessoas viviam experiências pré-conjugais, sob controle. Às vezes a noiva era uma moça grávida que o grupo de jovens conduzia ao altar. Alguns casais coabitavam mesmo antes do casamento. Entre os contemporâneos de Joana d'Arc, por vezes as pessoas se casavam em segredo em um albergue, cujo dono fazia o papel de padre.

— *Portanto, na verdade não havia abstinência.*

— De fato, não... Mas o casamento continuava primordial nesses casos. O par se acariciava antes de se casar. Ou se casava por ter se acariciado. Os dois estavam ligados. Aliás, para seduzir as moças, sobretudo as criadinhas ingênuas, presas femininas por excelência na sociedade do Antigo Regime, não era raro que os rapazes lhes fizessem uma promessa de casamento. Mas a mulher não era sempre a vítima. Para as criadas, dormir com o patrão era também um meio de se casar com ele. Temos, por exemplo, no começo do século XVI, o testemunho de uma criada chamada Perrette Colinet, que casou com o patrão depois de ter dormido com o filho dele.

DEPOIS O SENTIMENTO

— *Tudo isso resultava em casais felizes?*

— Nem sempre... Os desentendimentos, as brutalidades eram freqüentes. Os padres, que desconfiavam das reivindicações de liberdade das mulheres, desculpavam as cóleras do marido. Nos campos, em 1500, por exemplo, ocorreram numerosos casos de estupros coletivos. Mas entre os camponeses havia também casamentos felizes, e mais liberdades na negociação do casamento, assim como na sua violação, do que entre os burgueses e os aristocratas. Só que é difícil encontrar os traços disso. É como dizia um de meus antigos professores: "O problema do historiador é que se guardam os livros de contabilidade, mas queimam-se as cartas de amor."

A *virgem e a besta*

— *Enquanto isso, no meio dos nobres...*

— Era bem diferente. Rapazes e moças eram separados a partir dos sete anos. Os meninos entravam em um universo masculino onde obedeciam aos ritos iniciáticos viris, militares, ou então recebiam uma formação clerical; as moças permaneciam com suas mães. Elas só seriam apresentadas aos futuros maridos no dia do noivado oficial. Algumas visitas de conveniência, entrevistas com hora marcada. Eram dois estranhos que se uniam: um homem jovem, orgulhoso e brutal, uma virgem comedida e inocente.

— *Não conseguimos imaginá-los na cama.*

— Os casos de incompatibilidade dos casais eram evidentemente muito numerosos, e as relações conjugais muito violentas. O homem encontrava sua satisfação o mais rápido possível, sem se preocupar com a esposa. Muitas vezes a esposa se via ligada a um maníaco ou a um ciumento que a atormentava. Então, para se vingar de um marido que a maltratava ou ignorava, ela partia para o adultério. Madame de Maintenon disse, por volta de 1700: "Em vez de tornar felizes os humanos, o casamento torna infelizes mais de dois terços das pessoas." Os senhores provavelmente eram mais bárbaros do que os camponeses.

— *Para fugir dessas misérias da vida conjugal, então os nobres iam procurar em outro lugar...*

— Sim. Como os desentendimentos e as frustrações eram grandes, desenvolvia-se uma forma de liberdade sexual clandestina. O prazer, excluído do casamento, mesmo harmonioso, via-se relegado à prostituição e ao adultério. Na prática, os homens se arranjavam professando uma moral dupla, uma para o exterior e outra para o lar. Veja o caso de Montaigne e seu admirável capítulo dos *Essais* (*Ensaios*) sobre os versos de Virgílio, um compêndio sobre o que um homem livre pensa do amor e da sexualidade: ele defendia ao mesmo tempo a moderação sexual no casamento, no qual não se procurava o prazer, e uma ética das relações adúlteras, nas quais era preciso ser correto com a parceira (o número de parceiras que ele teve foi impressionante), comportamento de que ele muito se orgulhava.

DEPOIS O SENTIMENTO

De um amante a outro

— *E as mulheres? Elas não podiam fazer com a mesma facilidade esses acordos com a moral ou com a consciência...*

— Para as mulheres era uma outra história... Havia as que se resignavam, e as outras. As mulheres da alta sociedade não obedeciam às normas impostas a todos. Na realidade, eram raras as nobres esposas que, não se entendendo com os maridos, permaneciam fiéis e se contentavam com uma vida de devotas. Conhecemos as famosas *Historiettes* (*Historietas*) de Tallemant des Réaux, que registrou entre 1620 e 1650 tudo o que, na elite francesa, era fora do normal: algumas mulheres tinham aventuras bastante espantosas... Elas enganavam seus maridos. Abertamente, e repetidas vezes!

— *Abertamente?*

— Claro! Uma parte da classe dirigente sempre escapou da ordem sexual. Desde o reinado de Henrique III, panfletos narravam os costumes dissolutos da elite, de homens e mulheres. No tempo de Henrique IV, belas mulheres da nobreza voltavam do sermão pelo braço de seus amantes, rindo dos pregadores que declaravam seu desgosto com a carne, fustigavam a nudez e condenavam o uso dos decotes da moda, símbolo do mal e do pecado. Era um reino muito cristão, onde cornear era a norma!

— *A devassidão aliada à devoção.*

— Exatamente. Naquele tempo, sob Henrique IV, a aristocracia européia parecia tomada de vertigem: a indecência reinava

A MAIS BELA HISTÓRIA DO AMOR

na corte, havia sede de luxúria, os balés reais celebravam os ardores do coito... Os jovens cavaleiros da Fronde[2] rivalizavam entre si para infligir aos galantes mais ingênuos os piores tratamentos. Os estupros faziam parte de seus títulos de glória. Em algumas famílias, o que se via era a desordem sexual. Sabe-se que a mulher do duque de Rohan, filha de Sully,[3] participava de orgias com seus amantes e suas amigas... A jovem nobreza, de espada ou de toga,[4] tinha, pois, costumes muito livres, e as coquetes da corte saíam para passear em suas carruagens na companhia de janotas, passando às vezes de um amante a outro em quinze minutos... Era esse o quadro de uma certa aristocracia, descrita por Tallemant, que se entregava à sexualidade mais desenfreada e mais grosseira. Algum tempo mais tarde, a França de Luís XIII e de Mazarin era uma verdadeira Meca do adultério. Pululavam as relações proibidas. Depois, Luís XIV impôs regras mais rígidas à corte. Mas, durante a Regência, faziam-se festas regadas a luxúria e vinho, nas quais os participantes se despiam, acasalavam-se, e nas quais as mulheres, inteiramente bêbadas, entregavam-se aos lacaios. Isso não durou muito e foi logo depois varrido pelo novo regime.

— *Apesar de tudo, a grande maioria das mulheres ficava presa ao casamento pelo resto da vida.*

— Certamente, mas a vida naquele tempo não durava muito. Muitas vezes a morte funcionava como divórcio. Não era raro

---

[2] Fronde: revoltas que explodiram na França entre 1648 e 1652, durante a minoridade de Luís XIV, contra a política econômica. (N. T.)

[3] Sully (1559-1641): ministro de Henrique IV. (N. T.)

[4] *Noblesse d'épée* (nobreza adquirida originariamente por serviços militares), *noblesse de robe* (nobreza inerente a certos cargos judiciais). (N. T.)

DEPOIS O SENTIMENTO

alguém ter, ao longo da vida, quatro maridos ou esposas. Naquela sociedade misógina e desigual, a viuvez colocava a mulher em uma situação excepcional. Se ela possuísse bens, podia se casar de novo. Ou evitar de fazê-lo. Madame de Sévigné, enganada aos 25 anos por um marido que acabou morrendo em um duelo, nunca mais se casou. A viuvez era a liberdade!

Orgias satânicas

— *A sexualidade, tão reprimida, no entanto estava presente tanto na literatura, como nas pinturas de nus da época. Pensamos nesses quadros delirantes e perversos, como* O jardim das delícias *ou* O carro de feno *do pintor holandês Hyeronimus Bosch, que mostram dezenas de corpos nus supliciados no inferno.*

— Com esses nus, Bosch não queria glorificar o ato sexual, mas, ao contrário, condená-lo. Ele via na sexualidade as raízes do mal absoluto. A carne era o perigo supremo, e os seres humanos que se entregavam à luxúria estavam destinados aos piores tormentos do inferno. Na verdade, sua pintura refletia perfeitamente os sermões da época, que deploravam todos os horrores da luxúria, cuja responsabilidade por sinal era atribuída à mulher, uma agente de Satã. Não nos esqueçamos de que, naquela época, os pequenos alunos de Port-Royal[5] recebiam a ordem de se vestir o mais rápido possível, para não dedicar tempo demais "à ornamentação de seus corpos destinados a servir de pasto aos vermes".

---

[5] Port-Royal: monastério católico da época da Contra-Reforma. (N. T.)

A MAIS BELA HISTÓRIA DO AMOR

— *Nessa época, portanto, havia relações muito equivocadas entre a sexualidade e a religião.*

— Existia um folclore erótico em torno do amor diabólico: era a mitologia do sabá, das orgias satânicas, dos casos de possessão como o de Loudun (na Europa, por volta de 1600, milhares de processos continham testemunhos de relações sexuais com o diabo, que possuía as mulheres de carne fraca). Os pintores retratavam o martírio e a penitência com um grande gosto pelos detalhes: mulheres nuas amarradas, enforcadas, supliciadas, flageladas, os seios cortados... As histórias obscenas do Antigo Testamento se tornavam pretexto para os artistas exporem uma sexualidade cruenta, perversa, freqüentemente sádica. O que mostra o quanto a arte exprimia a correlação entre a devoção e a fixação erótica.

— *Uma era o reverso da outra... E todas aquelas mulheres nuas pintadas por Botticelli, Ticiano, Tintoreto, mesmo que mais serenas, mostram apenas fantasias, cenas que as pessoas gostariam de viver, mas que não viviam.*

— Exatamente. É uma forma de compensação. Quanto menos a nudez estava presente nas relações humanas, mais era exibida pela arte. Ao contrário do que se pretende, não houve uma redescoberta do corpo humano na Renascença, a não ser na estética e para uma ínfima elite. Imaginar que a sociedade do Antigo Regime refletia a imagem de seus quadros e de suas poesias é um grave erro. Para mim, a cultura é antes de tudo uma ilusão, como Freud pensava a respeito da religião! Uma ilusão que produziu Shakespeare e Montaigne, o que não é pouco! Com freqüência a cultura é a expressão de um desejo reprimido, sublimado, e é preciso distingui-la da realidade social. Mas as duas interagem. Logo os apaixonados iriam querer viver sua paixão à maneira dos personagens de Racine e Shakespeare.

— *De todo modo, foi uma época curiosa e paradoxal...*

— A Idade Moderna foi uma época cínica, realista, pouco idealista, mas pela qual eu tenho um certo ponto fraco, pois teve uma riqueza humana simbolizada à perfeição pelo autor dos *Essais* (*Ensaios*). Em pleno período de repressão, Montaigne tentou pensar a respeito dessa sexualidade tão importante e da qual ninguém ousava falar, e buscou relações mais civilizadas entre homens e mulheres, que obedecessem não às normas e à ordem, mas ao gosto recíproco, dentro da boa conduta e do respeito. Tudo isso me parece muito moderno, com efeito.

Não olhem para nossas camas!

— *Foi em resposta a esse clima de rigor que a libertinagem do século XVIII acabou se desenvolvendo?*

— Já desde o século XVI vinha ocorrendo, como dissemos, uma reação libertina da elite contra as reformas religiosas rigoristas. Mesmo que a Igreja e o Estado conseguissem controlar o povo, a aristocracia continuava com uma grande autonomia. Que ninguém venha espiar as nossas camas! Os bailes, as festas eram uma incitação ao adultério, modelo propagado pelo rei em pessoa. A liberdade sexual, vivida nos bastidores, era considerada um privilégio aristocrático. Casanova, que não foi um personagem imaginário, mostra perfeitamente como as condutas eram

A MAIS BELA HISTÓRIA DO AMOR

livres. Passava-se então, lentamente, de uma libertinagem escondida a uma libertinagem reivindicada. Dom Juan seria sua teorização, Sade seu delírio maximalista e assustador. A libertinagem é fundamentalmente uma apologia do prazer individual, com o que comporta de associal. No século XVIII, tornou-se uma moda.

— *Que a Revolução irá abolir.*

— Sim. A partir da Revolução, a Igreja vai ensinar aos jovens nobres que os pecados de seus pais libertinos provocaram a catástrofe. Assim, a futura marquesa de la Rochejacquelin, a heroína da Vandéia,[6] e seu primeiro marido, Lescure, tiveram um casamento de amor, mas o viveram em meio à absoluta piedade, a serviço da Igreja. Na Restauração, a nova geração será muito devota, rigorista e antilibertina. Estabeleceu-se então uma contradição muito bem ilustrada por Rousseau: o elogio do indivíduo todo-poderoso no que ele tem de mais íntimo, e o sacrifício desse indivíduo à dimensão coletiva. Sob a Revolução, o cidadão irá vencer o libertino. E a Igreja apoiará essa tendência. A couraça é recolocada sobre a sexualidade, e ali fica durante algum tempo.

---

6 Guerra da Vandéia (1793-1796): insurreição contra-revolucionária que explodiu no departamento de Vandéia. A marquesa de Rochejacquelin redigiu suas memórias. (N. T.)

CENA 2

A Revolução

O *Terror da Virtude*

O *amor foi revolucionário demais para a Revolução? Após os três longos séculos da idade clássica, em que a ordem sexual reinou, o sopro de 1789 conseguiu libertar tanto os corpos quanto os espíritos, abolir o antigo regime conjugal que desde o começo de nossa história reprimiu a sexualidade e os sentimentos, e sonhar com um mundo em que homens e mulheres estabelecessem relações mais ternas, mais igualitárias. Durante algum tempo acreditou-se... Depois vieram o Terror e a Virtude, armas secretas dos opressores. Eis como a Revolução, essencialmente inimiga da vida privada, virou-se contra as mulheres e por que a república do amor não pôde ver o dia surgir.*

A MAIS BELA HISTÓRIA DO AMOR

A cabeça em outro lugar

— **Dominique Simonnet:** *As relações entre os homens e as mulheres poderiam ter se beneficiado com a efervescência das idéias, com o espírito de liberdade e igualdade de 1789. Contudo, há evidências de que o amor e a Revolução não fizeram um bom casamento, não é?*

— **Mona Ozouf:** Alain disse isso a propósito da Rússia, toda revolução é uma invasão da existência pela vida pública, e portanto um encolhimento da vida privada. As trocas de galanterias entre os sexos, o flerte, o gosto pela conversação, a mistura de gente nos salões, tudo que compunha o charme do Antigo Regime e favorecia a eclosão do sentimento amoroso foi combatido pelos revolucionários. Para eles, aqueles costumes evocavam as intrigas, as depravações e as manipulações ocultas das mulheres. Olympe de Gouges, que, no entanto, lutou pelos direitos das mulheres, pronunciou esta extraordinária fórmula: "É preciso romper com a administração noturna das mulheres." Dito de outra forma, com o poder da cama. A Revolução matou as trocas. A civilidade das maneiras e do espírito foi substituída por uma forma de ideal heróico, viril, revivescência da ideologia espartana ou romana. Em outras palavras, as pessoas não estavam pensando no amor. Estavam com a cabeça em outro lugar, nas questões da República. Ao menos oficialmente.

— *E privadamente, as coisas se passavam de outra maneira?*

— É difícil saber, pois os poucos anos revolucionários, necessariamente convulsivos e caóticos, são insuficientes para uma análise histórica a longo prazo. Por outro lado, restam-nos

DEPOIS O SENTIMENTO

poucos traços da vida privada da gente comum: desses homens e mulheres pouco educados que certamente não dispunham de palavras para expor seus sentimentos, mesmo os experimentando...

— *Mas existem testemunhos de alguns escritores, da literatura.*

— As memórias dos homens e das mulheres célebres não tratam da intimidade. Há uma bela exceção: a de Madame Roland, que, na prisão, à espera da guilhotina, debruçou-se sobre a própria vida e, desprovida de todas as futilidades, interrogou-se finalmente sobre seus sentimentos a respeito do marido. O que disse ela daquele esposo tutelar, protetor, sábio, de que até então falara com veneração? "Esse filósofo idoso me impressionava de tal maneira que aos meus olhos ele não tinha sexo!" E no cárcere ela alcança uma forma de serenidade, continuando a trabalhar munida de um dicionário de inglês e contemplando o retrato do adorado Buzot.

"Será que vão me casar?"

— *É bonito.*

— Não é? Madame Roland é uma heroína stendhaliana antecipada: como Julien Sorel, ela encontrou uma forma de felicidade na prisão, depois de ter rompido as amarras que a uniam à sociedade, cultivando a lembrança do ser amado. Ela esqueceu a vida política para se refugiar em outro lugar: no amor, que é uma outra pátria...

A MAIS BELA HISTÓRIA DO AMOR

— *Antes de a Revolução explodir, vimos com Jean Solé, o casamento por amor estava justamente começando a abrir um caminho, ao menos entre as classes populares... Supõe-se que isso continuou se desenvolvendo.*

— A reivindicação do casamento por amor prosseguiu ao longo de todo o século XVIII. Pensem em Diderot, na Nanine de Voltaire, ou em todas as heroínas de Marivaux... Nos meios populares, onde os interesses contavam menos e onde os jovens se freqüentavam, o sentimento começava a ocupar um lugar no casamento. Mas não nos meios esclarecidos do Iluminismo. Dois exemplos mostram isso. Em *Les Liaisons dangereuses* (*Ligações perigosas*), de Choderlos de Laclos, a pequena Cécile de Volanges volta para casa ao sair do convento e encontra uma grande agitação: trabalhadoras, costureiras... "Estão pensando em me casar?", se pergunta ela. Uma carruagem pára diante do castelo, uma criada vem buscá-la a pedido de sua mãe. E ela fica toda perturbada. Será que é seu futuro marido? Aquela mocinha inocente chega ao casamento em uma ignorância absoluta do que a espera durante a noite de núpcias e mesmo da identidade do homem que encontrará em seu leito. Até que Valmont lhe abra os olhos... Outro exemplo, o de Madame d'Épinay.

— *A amiga de Rousseau...*

— Essa mulher passou maus bocados para fazer um casamento por amor, recusando homens que lhe desagradavam. Teve uma lua-de-mel tórrida, que chocou sua *entourage*... E depois, concluído o caso, o marido voltou ao código aristocrático do casamento: achando que já fizera o que tinha de ser feito, começou a ter amantes. Ela gritou, chorou, se desesperou. Até que sua

DEPOIS O SENTIMENTO

mãe interveio para lhe pedir que... apresentasse desculpas ao marido triplamente adúltero. Era assim o amor aristocrático no Século das Luzes: reivindicava-se uma união com sentimento, mas mantinham-se o casamento arranjado e os hábitos masculinos da nobreza. A Revolução não mudou nada disso. Esses costumes permanecerão exatamente assim até o século XIX. Alguém, entretanto, irá sacudir os espíritos: Jean-Jacques Rousseau.

O *dilema de Julie*

— *Rousseau e sua* Nova Heloísa...

— Sim. Todos os homens da Revolução a leram, todos a proclamaram. Rousseau expressou um pensamento mais complexo sobre o amor. Para ele, o homem e a mulher não têm a mesma vocação, e essa assimetria faz a felicidade de um e de outro. A mulher teria, intrinsecamente, a vontade de agradar e um pudor natural. Vencendo esse pudor é que os apaixonados encontrariam, ambos, a volúpia: o pudor seria parte constitutiva do prazer... Mais importante, Rousseau retira a culpa da sexualidade feminina: Julie dormiu com Saint-Preux, mas continuou virtuosa. Fiel à sua promessa inicial, não esqueceu jamais esse primeiro amor, construindo ao mesmo tempo uma vida brilhante com o outro homem imposto por seu pai.

— *Certo, Julie não era "culpada", mas se submeteu mesmo assim ao desejo do pai.*

— Ela desaprovou a decisão do pai, que recusara um plebeu como Saint-Preux, e chegou a formular um projeto de fugir com o amante. Mas finalmente desistiu, por achar que não seria feliz sabendo do sofrimento que infligiria aos pais, e aceitou o marido que lhe propuseram. Para Rousseau, a paixão não era tudo; ela não podia anular os outros vínculos naturais. Se os sentimentos não podiam ser conciliados, então paciência: as pessoas deviam encontrar alguma maneira de construir a felicidade com os pedaços do que restou. As mulheres da Revolução gostavam tanto de Rousseau, exatamente porque se viam confrontadas com dilemas semelhantes: o exemplo de Julie mostrava-lhes que continuava sendo possível desenvolver-se e ter uma vida bem-sucedida, mesmo aceitando as imposições sociais e familiares, que existia uma vida amigável possível com um marido pelo qual não sentissem nenhuma paixão.

— *Mas também sem se submeterem a ele como no passado.*

— Para Rousseau, não existia dever conjugal: uma mulher não era obrigada a obedecer ao desejo de seu marido, idéia inacreditavelmente moderna que iria entusiasmar os contemporâneos do escritor. Mais ainda: o consentimento mútuo era a base de qualquer relacionamento amoroso. A conseqüência era evidente: assim como havia o consentimento, também podia ser retirado. O divórcio se tornava legítimo.

Não ao despotismo dos maridos!

— *Esta será uma das leis adotadas pelos revolucionários, rompendo totalmente com o princípio do casamento cristão "indissolúvel" que imperara até então.*

DEPOIS O SENTIMENTO

— Sim. Graças a Rousseau e aos filósofos do século XVIII, uma porta iria se abrir. As pessoas não se opuseram ao despotismo dos reis? Muito bem, vão se opor ao dos pais e maridos! A família, proclamaram, deve ser regida pelas mesmas leis que a nação: liberdade e igualdade. Foi, pois, criado o casamento com contrato civil, "glória oculta da revolução", como disse o jurista Jean Carbonnier. A partir de então, o casamento seria laico, repousando sobre o livre consentimento de duas vontades.

— *Unidos diante da lei, e não mais diante de Deus... Isto, sim, foi uma verdadeira revolução.*

— Modificação fundamental, sobre a qual, aliás, todo o século XIX iria se voltar! E o divórcio foi, naquela época, de uma inacreditável liberalidade. Era possível divorciar-se com o consentimento mútuo (em menos de dois meses, bastando para isso a realização de uma assembléia de família), por incompatibilidade de gênios (seis meses), ou por diferentes motivos reconhecidos: demência, condenação penal, abandono, ausência, desregramento de costumes, emigração, sevícias ou crime... E a esposa tinha tanto direito a ele quanto o marido. Foi a lei mais liberal que se podia imaginar e, pela primeira vez, propiciou a oportunidade de se inventar um casal igualitário. "O divórcio é o pai do respeito mútuo e do casamento feliz", disse Chaumette, apesar de ter sido um antifeminista notório. Neste ponto, ao menos, a Revolução não foi insensível ao amor. Nem às mulheres.

— *E elas aproveitaram essa chance?*

— Muitas mulheres se precipitaram pela brecha, para fugir de um marido indesejado... Mas não era assim tão simples. Vejam o caso de Delphine, a heroína de Madame de Staël (que,

A MAIS BELA HISTÓRIA DO AMOR

em seus romances, apresenta sempre como personagens mulheres casadas com homens desprezíveis): viúva de um fervoroso defensor de idéias revolucionárias e esclarecidas, ela se apaixona por um medíocre, aferrado a preconceitos, que termina se casando com uma devota. Após mil sobressaltos, Delphine entra para um convento, pronuncia os votos, o amante é fuzilado pelo exército revolucionário, e ela toma veneno. Esses dois seres, contudo, poderiam, ambos, ter se libertado: o divórcio passara a ser legal, os votos monásticos podiam ser anulados. Eles poderiam ter vivido juntos, felizes. Mas não o fizeram.

— *Por quê?*

— Porque sobre eles havia diversas formas de pressão, uma vez que a opinião pública, especificamente, não se modificara. Aquela legislação revolucionária era muito avançada em relação aos costumes. Como disse Saint-Juste, "a felicidade é uma idéia nova na Europa". Os dois apaixonados não somente eram infelizes, mas também a nova liberdade os tornava responsáveis por sua infelicidade. Eles próprios se proibiam de tirar proveito daquela "idéia nova". Madame de Staël compreendeu bem o aspecto de que dar autonomia às pessoas produz um efeito perverso: torna a angústia de viver ou o mal-estar ainda mais difíceis de aceitar. Se a Revolução mudou alguma coisa na vida privada, foi que, dali em diante, cada um tornou-se responsável pela própria vida. Até então, se fracassássemos, poderíamos dizer "foi por causa de meu pai ou de meu marido". A partir de então, a vida passa a ser uma aposta pessoal... Mas tudo isso não ia durar: Thermidor aplicou um primeiro golpe na lei do divórcio ao suprimir a incompatibilidade de gênios e o consentimento mútuo. E, mais tarde, o Código Civil devolveu a superioridade ao marido.

DEPOIS O SENTIMENTO

O *amor é o inimigo!*

— *A porta entreaberta para a liberdade logo vai se fechar de novo. Em 1793, Robespierre lançou o Terror e a Virtude. Pouco a pouco, a Revolução foi regulamentando a vida íntima...*

— Toda revolução tenta se precaver contra os desvios e codificar as relações humanas. Saint-Juste fez essa tentativa em *Fragments des institutions républicaines* (*Fragmentos das instituições republicanas*): todos os homens e mulheres casados há sete anos que não têm filhos devem se separar. É preciso declarar oficialmente as amizades. Não há mais vida interior, nem intimidade de sentimentos. Ora, o que essa codificação das relações humanas mais atrapalhava? O amor, evidentemente! O amor, esta relação não preparada, não negociada, espontânea, que pode desequilibrar tudo! O amor era inaceitável para quem quisesse regulamentar a vida privada. O amor era o inimigo da Revolução.

A *resistência das mulheres*

— O *amor, e as mulheres...*

— Sim. Em 1789, as mulheres tinham se engajado: algumas abriram sociedades patrióticas onde falavam dos direitos do homem, recitavam a Declaração e faziam também compressas para os feridos. Criaram clubes inspirados muitas vezes no modelo romano, como o de Madame Moitte, que convidava as cidadãs a vir depositar suas jóias para ajudar as finanças da pátria... Pouco a pouco esses clubes foram sendo fechados. Enquanto, no começo da Revolução, as mulheres pediam para fazer parte dos cortejos como cidadãs e guerreiras, agora, na era do jacobinismo virtuoso, eram convidadas a desfilar de braço dado com os maridos, de preferência grávidas. Houve uma recaída nos clichês da maternidade. "Ninguém é bom cidadão se não for bom esposo", diziam os jacobinos. A moralidade conjugal se tornava um teste de moralidade cívica e patriótica.

— *Era o fim das esperanças de liberdade e igualdade que as mulheres alimentavam. Cada um dos dois sexos deve ficar no seu lugar.*

— Entre as mulheres e a Revolução, o fosso era profundo. O jacobinismo nutriu uma desconfiança instintiva contra elas, via nelas rebeldes em potencial, precisamente porque as mulheres eram capazes de viver sem achar que estavam em plena revolução. Os jacobinos queriam fazer triunfar os sentimentos impostos sobre os sentimentos naturais, espontâneos, como a ternura, a compaixão, a afeição. Lembrem-se da atitude de Robespierre com seu amigo Camille Desmoulins. "Oh, você, meu grande companheiro de colégio", disse-lhe. Mas não hesitou em sacrificá-lo, em "oferecer" o velho companheiro de colégio à pátria: denunciou-o.

— *A Revolução, antes de tudo.*

— O ideal revolucionário era mais forte do que tudo. Ora, no mais fundo de si mesmas, as mulheres recusam esse "interesse supremo", seja a salvação pública, a pátria ou, mais tarde... o partido. Madame de Staël, apesar de republicana, insurgiu-se contra o infame processo da rainha. Olympe de Gouges, que redigiu a

DEPOIS O SENTIMENTO

Declaração dos direitos da mulher, advogou contra o processo do rei: "Se vocês matarem esse rei", disse ela, "a gota de sangue derramado fará reviver a realeza."

— *As mulheres se opuseram à Revolução em nome de uma certa idéia de humanidade e de amor, em suma.*

— A resistência delas foi, de início, religiosa: recusaram-se a assistir às missas dos padres juramentados,[1] deram abrigo aos padres refratários,[2] acamparam na porta das igrejas para exigir o toque dos sinos. Os revolucionários se surpreenderam com aquela resistência, viram naquilo um sinal da emotividade feminina, um pendor para o ouro e para os cibórios, e de outras fraquezas: as mulheres, diziam eles, são impressionáveis, movimentam-se de acordo com suas emoções... Eles não compreenderam que as mulheres estão sempre do lado daquilo que dura — são elas que sustentam os laços familiares, que garantem a manutenção da linhagem — e que sentiam uma rejeição visceral pela violência.

— *São duas idéias sobre o mundo, no final das contas.*

— Encontramos duas ilustrações disso nos quadros de David. Em *Le Serment des Horaces* (*O juramento dos Horácios*), as mulheres estão apertadas umas às outras, separadas dos homens, que posam em uma atitude viril, com suas espadas. A mesma coisa em *Brutus*: à esquerda, este, impassível diante dos corpos de seus filhos que lhe foram trazidos; à direita, a filha desmaiada

---

[1] Padres juramentados: o clero constitucional, sob a Revolução. (N. T.)
[2] Padres refratários: que se recusaram a prestar juramento à constituição civil do clero, sob a Revolução. (N. T.)

nos braços da mãe e uma criada escondendo o próprio rosto... Em *L' Enlèvement des Sabines* (*O rapto das Sabinas*), as mulheres tentam da mesma maneira se interpor para impedir o assassinato... As feministas, que hoje sustentam que a Revolução Francesa excluiu as mulheres, estão enganadas: as mulheres *se tornaram* hostis à Revolução. Decepcionadas, enojadas, voltaram para casa, fazendo votos para que a política não alcançasse seus lares!

A Revolução matou a convivência entre os sexos

— *É como se houvesse uma antinomia profunda entre, de um lado, o espírito revolucionário, a política e seu espírito de guerra; de outro, os valores femininos, mais doces, mais humanos.*

— O século XVIII viveu imerso na idéia de uma dicotomia total entre as monarquias e as repúblicas. Nas primeiras, os homens não podiam participar da vida pública, o poder era concentrado nas mãos de uns poucos; eles tinham, pois, tempo de lazer, que utilizavam fazendo intrigas e na libertinagem. Nas repúblicas, ao contrário, os homens ficam muito ligados às questões da cidadania, e as mulheres vivem reclusas. A monarquia, pensava-se então, era o reinado das mulheres. A República, o reinado dos homens. É o que significa a célebre diferença que Montesquieu e Hume estabeleceram entre a França e a Inglaterra.

— *Qual é?*

— Para Hume, a França era o país da monarquia, da libertinagem, do relacionamento livre entre os sexos. Para Montes-

DEPOIS O SENTIMENTO

quieu, a Inglaterra (que ele considerava como uma república de fato, tendo de monarquia apenas o nome) era o país onde os homens participavam ativamente das questões da cidadania, mesmo nos campos, e as mulheres ficavam confinadas em seu próprio mundo. Os dois filósofos estavam de acordo em dizer que nada poderia ser mudado nos dois países, pois os costumes eram mais fortes do que as leis. A República era, pois, vista como hostil às mulheres. O que deixaria desolada a sutil Madame de Staël que, em seu romance *Corinne*, descreve com tristeza a sociedade inglesa, na qual os sexos estão separados. Esse país, escreve ela, proíbe terminantemente às mulheres brilhar; as sociedades inglesas são "muralhas geladas", as mulheres não se envolvem em conversações em voz alta, retiram-se dos jantares... Na República não há mais lugar para as belas oradoras que, no passado, mantinham um salão e cativavam as assembléias.

— *Então é isso que a Revolução fez na França: separou os sexos.*

— A Revolução separou, com efeito, os sexos; ela matou a convivência dos sexos. Vestígios disso serão encontrados bem mais tarde. Musset o dirá em *Confessions d'un enfant du siècle* (*Confissões de uma criança do século*), Rémusat notará isso em suas *Mémoires* (*Memórias*): após a Revolução, os salões se tornaram bicolores. No *fumoir*, os homens de preto, discorrendo sobre os negócios da nação; no *boudoir*, as mulheres, de branco. Madame de Staël previa já em 1800: para que a República se instalasse na França, seria preciso que integrasse as mulheres, que se rompesse com o modelo jacobino e espartano. Foi, de resto, o que aconteceu: os costumes republicanos acabaram por integrar a tradição de convivência aristocrática desse país. E foi essa velha

A MAIS BELA HISTÓRIA DO AMOR

herança que fez com que hoje em dia a sociedade francesa seja um mundo mais igualitário do que os outros países europeus, ou do que os Estados Unidos, com homens e mulheres mantendo relações agradáveis apesar de tudo.

A derrota romântica

— *Passada a Revolução, o romantismo impôs-se, a herança de Rousseau voltou... Os costumes abrandaram-se também?*

— Louis-Sébastien Mercier constatou o seguinte em seu *Tableau de Paris* (*Quadro de Paris*), em 1798: por toda parte vêem-se mulheres carregando os filhos nos braços, o que não ocorria antes, como se o instinto da maternidade, diz ele, houvesse se apoderado das francesas. Alguma coisa, com efeito, estava mudando. Mas o romantismo foi uma derrota, pois ele reintroduziu a assimetria entre os sexos e voltou atrás na desculpabilização da sexualidade levada a efeito por Rousseau. As heroínas românticas podem ser divididas em duas categorias: de um lado, os anjos de pureza, a exemplo de Madame Mortsauf em *Le Lys dans la vallée* (*O lírio do vale*), que morre devido a seus traços angelicais e a seus desejos recalcados; de outro, as perversas, as pérfidas, como *lady* Dudley, na mesma obra. A dicotomia completa-se com Balzac.

— *O amor e as mulheres não ganharam grande coisa com o episódio revolucionário.*

— No início da Revolução, alimentou-se toda espécie de sonhos de igualdade amorosa e cívica. Mas eles foram recobertos

DEPOIS O SENTIMENTO

pelo invólucro do Código Civil e das restaurações. "É o apagador de luzes!", exclamou Stendhal. As mulheres saíram da Revolução como vítimas, novamente reduzidas ao silêncio e à solidão. Mas, enfim, eu acho que apesar de tudo elas ganharam, entre 1789 e 1792, com a legislação revolucionária do casamento, do divórcio, dos direitos de sucessão, e com a idéia de seu papel fundamental na educação cidadã das crianças, que passava a pleitear uma nova convivência entre os sexos. De imediato, a relação amorosa igualmente progrediu: apesar de tudo, a Revolução traçou o esboço de um mundo onde as relações humanas pudessem ser diferentes. Seria preciso esperar mais de um século por isso, mas a idéia fora semeada.

CENA 3

O século XIX

O tempo das mocinhas inocentes
e dos bordéis

Tantos desejos contidos, tantas frustrações veladas, tantas condutas medíocres... Um século bem pouco à vontade! O século XIX abriu-se em meio a um suspiro romântico ("Apressemo-nos, gozemos!", exclamou Lamartine) e perdeu-se em meio ao higienismo frio dos confessores e dos médicos. Século hipócrita, que reprimiu o sexo mas foi obcecado por ele. Perseguiu a nudez mas espiou pelos buracos das fechaduras. Enquadrou o casal conjugal mas promoveu os bordéis. Como se naquele momento todas as contradições do jogo amoroso tivessem se acirrado. Claro, mais uma vez foram as mulheres as mais prejudicadas. Mas não julguemos depressa demais! Próximo de seu final, esse curioso século XIX pôs em cena um componente do amor até então inconfessado: o prazer. E lá ele permaneceu.

DEPOIS O SENTIMENTO

Suspiros e olhares

— **Dominique Simonnet:** *E eis que chegou o tempo da languidez, dos estados d'alma, dos devaneios inspirados; o momento de se extasiar com Chateaubriant e Lamartine e meditar sobre o tempo que flui, escutando o canto do rouxinol em uma noite cheia de estrelas... Depois do frio parêntese revolucionário, o começo do século XIX se aferrou ao romantismo. Como se de repente o sentimento amoroso, por tanto tempo reprimido, tivesse se tornado uma prioridade. Pelo menos na literatura...*

— **Alain Corbin:** Com efeito, um novo código amoroso foi elaborado depois da Revolução, com a nostalgia de um mundo ideal, da completude descrita por Rousseau. O tema do amor romântico tornou-se onipresente nos romances, derramou-se em manuais de *savoir-vivre*, e até mesmo na literatura piedosa. Foi o grande século da confissão, da introspecção, do diário íntimo, próprio das moças de boa família, em geral interrompidos com o casamento. Repentinamente, revelou-se nas pessoas uma intensa necessidade de manifestação de sentimentos: elas evocavam a meteorologia do "eu", identificando as variações do próprio ser às do céu: "Vou instituir um barômetro para minha alma" (Rousseau). Ficavam a refletir, tal como Léopoldine Hugo redigindo seu "caderno de estilo" cheio de dissertações meditativas. Invocavam os ardores do sentimento, fugiam para longe do corpo, como se fossem anjos diáfanos, e se entregavam a sonhos com amores etéreos.

— *Sonhos de pureza, sempre muito influenciados pelas idéias religiosas...*

A MAIS BELA HISTÓRIA DO AMOR

— O discurso romântico, que se enraizou no século XVIII (lembrem-se da Charlotte de *Sofrimentos do jovem Werther*) e dizia respeito apenas a uma pequena elite cultural, era recheado de metáforas religiosas: o amante era uma criatura celeste; a moça, um anjo de pureza e de virgindade; o amor, uma experiência mística. Falava-se de confissão, do sofrimento que redime, de adoração; as pessoas ficavam "perdidas de amor", os corações "sangravam"... A palavra, escandalosa demais, era substituída por um leve toque, um rubor, um silêncio, um olhar... Era a imagem da moça de boa família, sentada diante de seu piano (derivativo solitário da força irreprimível das paixões), as madeixas soltas, o rosto iluminado pelos candelabros, olhos perdidos no vazio... Tudo se passava em torno da perturbação do encontro, a silhueta fugitiva divisada numa curva do bosque, a doçura do perfume, ou um aperto de mão, como entre Adèle e Victor Hugo; tudo em meio à evocação e a distância.

— *E portanto à frustração...*

— Madame de Rênal (*O vermelho e o negro*) ou Madame de Mortsauf (*O lírio do vale*), substitutas do amor maternal, trazem em si a questão da educação sentimental e, de fato, da frustração da sexualidade romântica. Mas atenção: o amor não era mencionado senão quando havia privação, obstáculo, afastamento, sofrimento; o historiador encontra poucos indícios de felicidade. Por outro lado, o sentimento amoroso estivera contido durante séculos, e não é fácil sair de uma prisão como essa: a denúncia do pecado de luxúria, o culto da virgindade celebrado na Renascença, a condenação do "amor louco", tudo isso continuava a influenciar insidiosamente as condutas amorosas. Podemos, pois, nos perguntar se aquele romantismo angelical

DEPOIS O SENTIMENTO

refletia a realidade ou constituía, ao contrário, uma forma de exorcismo, uma compensação, por intermédio do imaginário, de uma carência experimentada na vida cotidiana...

O *corpo dentro do espartilho*

— *Questão que perdura ao longo de toda nossa história do amor. Acabamos sempre chegando a uma grande defasagem entre o imaginário e a realidade das condutas privadas, freqüentemente mesmo a uma franca oposição. Há uma distância entre a literatura e a realidade, entre o discurso e a alcova.*

— Isso continuou acontecendo no século XIX. Como quanto ao casamento. A despeito do discurso romântico, o casamento continuou sendo organizado de acordo com a coerção social: existia um verdadeiro mercado matrimonial. Em relação ao desejo, a correspondência de Flaubert o mostra: percebe-se uma surpreendente tensão entre as posturas angelicais do romantismo e as práticas masculinas caracterizadas pelos feitos de bordel. Era o tempo das mocinhas inocentes e das casas de tolerância. Homens e mulheres não viviam e não falavam da sexualidade da mesma maneira.

— *Qual era a diferença naquela época?*

— O imaginário feminino estava centrado no pudor: uma moça de boa família não se olhava no espelho, nem mesmo na água da banheira (em compensação, os espelhos forravam as paredes dos bordéis). As mulheres conheciam mal seus próprios corpos, proibiam-lhes até de entrar nos museus de anatomia.

A MAIS BELA HISTÓRIA DO AMOR

Um sistema de conveniência e de ritos precisos foi elaborado para codificar a vida privada e dissimular o corpo feminino. As mulheres não podiam circular na rua com os cabelos soltos. Em casa, a camisola de dormir só era tolerada no quarto de dormir, e qualquer evocação de intimidade se tornava malvista. O corpo era escondido em espartilhos, protegido por nós, presilhas, botões... O pudor obcecado, a refinada complicação das vestimentas tinham evidentemente efeitos perversos: suscitavam um erotismo difuso, que se fixava na cintura, no busto, no couro das botinas, no desejo de cortar a cabeleira feminina, todas essas coisas bem descritas por Zola ou Maupassant.

A dupla moral

— E o lado masculino?

— Enquanto as mulheres tinham o monopólio dos perfumes, da maquilagem, da cor, da renda, os homens estavam condenados ao traje negro e cinza, de formato cilíndrico. "Este sexo está de luto", escreveu Baudelaire. O homem do século XIX seguramente não era orgulhoso de seu corpo, com exceção de seu pêlo (havia perto de vinte modelos de bigodes, barbas e cavanhaques). Enquanto o mundo feminino vivia imerso em um pudor por vezes perverso, o mundo masculino era o das práticas venais e da dupla moral permanente: o mesmo rapaz que identificava a moça à pureza e fazia a corte de acordo com o ritual clássico, conhecia experiências sexuais múltiplas com prostitutas, costureirinhas (operárias que faziam trabalhos de agulha nas grandes cidades) ou uma "empregadinha", a moça nova e fácil que ele depois abandonava para se casar com uma herdeira de boa família.

DEPOIS O SENTIMENTO

Como descreveu Balzac em *Une double famille* (*Uma família dupla*), não era raro que se conservasse, depois do casamento, uma dessas moças como amante.

— *Mona Ozouf já tinha observado: havia para os homens dois tipos de mulheres: o anjo e a mulher da vida.*

— Uma verdadeira dualidade, também presente na representação do corpo feminino: ao mesmo tempo idealizado e degradado. "Ontem você era uma divindade, hoje você é uma mulher", escreveu em suma Baudelaire, depois de sua primeira noite com Madame Sabatier. Esperava-se que a mulher simulasse ser a presa e silenciasse um eventual prazer. Louise Colet, que assediou Flaubert dentro de um fiacre e fez amor com ele em um hotel de encontros, em seguida ergueu os olhos aos céus e juntou as mãos como se rezasse. Jean-Paul Sartre faria este comentário: "Em 1846, uma mulher da sociedade burguesa, depois de agir como um animal, tinha que agir como um anjo."

— *Esse anjo a qualquer momento podia se revelar um ser perigoso, suscetível de se entregar a paixões maléficas.*

— Exatamente. A mulher continuava marcada com o selo da antiga aliança com o demônio. A qualquer momento, podia se precipitar no pecado, mergulhar na histeria ou na ninfomania: as lavas borbulhantes que ela carregava dentro de si podiam despertar e transbordar. Zola descreveu esse modelo da devoradora vivendo nos subúrbios, expressão da fantasia dos homens daquele tempo, obcecados e angustiados pelo sexo, tomados pelo medo da feminilidade. Eles se tranqüilizavam fazendo o inventário de suas proezas, como Hugo, Flaubert, Vigny.

A MAIS BELA HISTÓRIA DO AMOR

No escuro, e bem depressa

— *Muito longe do romantismo, com efeito. Sabe-se como essas duas espécies diferentes, os homens e as mulheres daquela época, se comportavam quando estavam juntos na cama?*

— Com relação aos burgueses, a noite de núpcias era uma provação. Era o difícil momento da iniciação feminina por um marido que conhecera uma sexualidade venal. Donde a prática crescente da viagem de núpcias, com vistas a poupar o círculo familiar de um momento tão constrangedor... O quarto dos esposos, onde se isolava a sexualidade conjugal, era um santuário; o leito, um altar onde se celebrava o ato sagrado da reprodução. Acima dele, por sinal, havia freqüentemente um crucifixo. O corpo estava sempre coberto pelo lençol. A nudez completa entre os esposos era rara até por volta de 1900 (a nudez lembraria excessivamente o bordel). Era lícito tudo o que facilitasse a concepção.

— *Todo o resto era proibido.*

— Sim. Fazia-se amor no escuro, sem muita preocupação, ao que parece, com o prazer da parceira, o mais das vezes na posição chamada de "papai-e-mamãe", mas também com a mulher ajoelhada, como recomendavam os médicos aos esposos desejosos de conceber. Os médicos aconselhavam ao homem, por outro lado, uma gestão parcimoniosa de sua substância, a ser equilibrada de acordo com a idade — eles consideravam a casa dos cinqüenta como o limite extremo da atividade masculina. Tudo leva a pensar que a brevidade das relações conjugais tenha persistido durante todo o século. Isso parecia também favorecer a concepção.

DEPOIS O SENTIMENTO

— *Sabe-se de que modo as mulheres suportavam uma tal indigência?*

— Será que elas sentiam prazer? Superavam o desprezo ou o desgosto que lhes inspirava seu parceiro? Como sabê-lo... As mulheres jamais falavam disso em seus diários íntimos ou em suas correspondências antes dos anos 1860. A eventual confidente, e única, era a amiga do peito, às vezes a prima, que tinha conhecido no pensionato.

Aliviar os maridos frustrados

— *Entre os homens, em compensação, o discurso sobre a sexualidade não era mais tabu.*

— Era inesgotável! Nos romances, as obscenidades eram codificadas, e as cançonetas mostram uma obsessão pelo órgão viril. O imaginário masculino nutria-se de estereótipos do amor venal da Antiguidade: *post coitum animal triste*: decepção, degradação da própria imagem e da imagem da outra... O velho fundo libertino mexia com os homens do século XIX: eles haviam lido a literatura erótica do século XVIII. Por outro lado, os jovens tinham tido a experiência do amor, muitas vezes sob uma forma degradante. Para eles, era uma fonte de orgulho. Contavam uns para os outros seus feitos de forma grosseira. Uma vez casados, sentiam saudade de suas aventuras com as costureirinhas. As casas de tolerância em certos bairros estavam lá para aliviar os maridos frustrados, que voltavam bem comportados para casa.

A MAIS BELA HISTÓRIA DO AMOR

— *Como eram tratadas as prostitutas?*

— A partir do Consulado, concretizou-se o sonho de um bordel regulamentado: a casa de prostituição do bairro que tinha por função apaziguar os casados ou os solteiros e, oficiosamente, tirar a inocência dos rapazes. As moças eram vigiadas rigorosamente pela dona da casa. Mas isso nunca funcionou perfeitamente. Essas casas controladas não impediam a prostituição clandestina, e moças pobres se entregavam por uns poucos tostões nas sarjetas dos bairros, ou freqüentavam as proximidades das guarnições militares. No final do século multiplicaram-se as casas de *rendez-vous* clandestinas, situadas no andar nobre dos bons edifícios, que funcionavam apenas de dia. Lá se cultivava uma ilusão de respeitabilidade: a dona da casa, para manter um simulacro de sentimento, fingia que as mulheres presentes eram honradas esposas carentes de sensações.

Mignotage e maraîchinage[1]

— *Nos campos, os jovens conseguem viver seus amores com mais liberdade e honestidade. Pelo menos eu espero...*

— O campo era um outro mundo. Desde os primeiros anos da Monarquia de Julho, o discurso do amor romântico se popularizou: nos campos do Limousin, por exemplo, as romanças, as historietas tomam o lugar dos cantos tradicionais. Mas, nelas, o

---

[1] *Mignotage* e *maraîchinage*: expressões regionais, significando aproximadamente «bolinação». (N. T.)

DEPOIS O SENTIMENTO

sentimento se exprime pouco pela linguagem, mais pelo gesto. Para demonstrar uma atração recíproca, as pessoas apertam-se as mãos com muita força, dão grandes tapas nas costas. Como Jacques Solé mostrou para o século XVIII, os casais jovens praticavam uma sexualidade de espera.

— *Longe dos olhares, dentro da granja, ou nos prados?*

— Sim. A inocência era perdida em cima do feno, por vezes fechavam-se os olhos quando um menino violava as jovens pastoras. As pessoas se tocavam, "faziam amor", ou seja, faziam a corte. A moça entregava ao rapaz "a abertura da bolsa" ou se deixava "agarrar". Em certas regiões, praticava-se o *mignotage*; na Vendée, havia o *maraîchinage*, forma de masturbação recíproca. Nos bailes, as moças se deixavam acariciar sem que isso provocasse conseqüências. Curiosamente, a copulação continuava um tabu. Às vezes passavam a noite juntos, o que não implicava um ato sexual "completo". Mas em certas regiões, como a Córsega ou o País Basco, praticava-se uma forma de concubinato ou de casamento de experiência. Por seu lado, os burgueses sonhavam com esses amores simples e livres. Mas tinham medo deles.

Decotes indecentes

— *Que fazia a Igreja, que sempre esteve no centro do controle do amor e da sexualidade?*

— Era a época em que o uso do confessionário foi generalizado, em que se adotava na igreja a postura penitente, de joelhos, as mãos juntas, o véu sobre o rosto... O padre tinha por missão

115

A MAIS BELA HISTÓRIA DO AMOR

velar pela pureza da mocinha e pela fidelidade da esposa. Mas não se detinha muito sobre as escapadas dos senhores, tanto mais que os meninos geralmente deixavam de ir se confessar depois da primeira comunhão. O clero exercia então a função de um verdadeiro tribunal das consciências femininas, condenando severamente as festas e os jogos que se prestassem à luxúria: bailes, "perdões" bretões,[2] noitadas, banquetes de núpcias... Censuravam as roupas que chamavam atenção demais, os decotes indecentes. Por exemplo, durante o Segundo Império, em Tarn, o cura de Marsac circulava pelos corredores de sua igreja para inspecionar os trajes das mulheres e chegava até a cortar as madeixas excessivamente exuberantes.

— *A Igreja tinha a mesma severidade em relação ao casal legítimo?*

— Entre 1815 e 1850, ela começou a fechar os olhos para o "onanismo dos esposos", ou seja, para uma sexualidade cujo objetivo não era forçosamente a procriação, o que favorecia a difusão discreta da contracepção. Mas, a partir de 1851, o rigorismo impôs-se novamente: Roma condenou qualquer forma de cooperação — mesmo passiva — da mulher cujo marido praticasse o onanismo. Cabia a Deus o domínio da fonte da vida.

---

[2] Festas de casamento na Bretanha, quando os noivos trocam presentes como cruzes, corações, escapulários e alfinetes. (N. T.)

DEPOIS O SENTIMENTO

O *clitóris supérfluo*

— *Os médicos não eram mais tolerantes do que os confesso-res. Era a grande novidade: a ciência se imiscuindo na sexuali-dade.*

— Durante os dois primeiros terços do século, os médicos consideravam o que eles chamavam de "instinto genésico" como uma força violenta necessária à reprodução, o que justificava a dupla moral de acordo com o sexo: de fato, era necessário que os homens satisfizessem seus desejos devoradores. Em compensa-ção, era importante evitar estimular a curiosidade das mulheres e delimitar o que convinha que lessem ou olhassem. Os médicos, ao mesmo tempo, denunciavam todas as condutas qualificadas de "antinaturais": sodomia, bestialismo, pederastia. Eles temiam os efeitos perversos das carícias entre esposos, que qualificavam de "fraudes conjugais". O bom doutor Bergeret, de Arbois, cujo caso estudei, achava que suas clientes ficavam doentes porque seus maridos se dedicavam demais à masturbação recíproca. Segundo ele, só havia uma prescrição para as mulheres: uma boa gravidez que acalmasse seus ardores. Dentro de um tal clima de frustração, as práticas solitárias eram tentadoras. Porém a mas-turbação suscitava o pavor.

— *Mas por quê?*

— Ela levava, segundo os médicos, a uma perda de energia, a uma lenta debilitação, até mesmo à morte. Além disso, provoca-va um superaquecimento da imaginação. Era necessário com-batê-la sem trégua. Os jovens deviam aprender a ter as mãos ocupadas permanentemente. Os especialistas recomendavam,

117

A MAIS BELA HISTÓRIA DO AMOR

nos lugares públicos, deixar uma cavidade no alto e em baixo das latrinas para controlar as posturas dos usuários. Aconselhavam aos pais não deixar os filhos sozinhos por muito tempo, evitar-lhes o calor e os vapores do leito; desaconselhavam a prática do cavalo e o uso da... máquina de costura, que a própria Academia das Ciências chegaria até a denunciar. Impunham-se às meninas até mesmo "cintos de contenção" ou, se o "mal" persistisse, praticavam-se intervenções cirúrgicas para reprimir o mal, com a cauterização da uretra ou, mais raramente, a ablação do clitóris.

— *De medo do prazer feminino?*

— Sim. Que a mulher pudesse ter prazer sozinha, sem presença masculina, parecia intolerável: era o vício em estado puro. Até então, de acordo com a tradição hipocrática retomada por Galeno, pensava-se que o prazer feminino era necessário à reprodução. A descoberta dos mecanismos de ovulação levou a que se pensasse que não era assim. O prazer da mulher parecia supérfluo, inútil, como era o clitóris.

A animalidade do povo

— *A partir de 1860, as coisas mudam, como se as pessoas começassem timidamente a virar a velha página da repressão.*

— Sim. No âmbito da vida privada, um outro século XIX começou por volta de 1860. Tudo se desestabilizou. A palavra "sexualidade" (que marca o nascimento da *scientia sexualis* e aparece pela primeira vez em 1838 para designar as características do que é sexuado) seria, por sinal, utilizada por volta de

DEPOIS O SENTIMENTO

1880, no sentido de "vida sexual". Era justamente a época do enriquecimento, da urbanização. E os burgueses sofriam com aquela moral que os cerceava. O código romântico começava a se degradar. Basta ler a correspondência de Flaubert. Chega de anjos e mulheres diáfanas! O sentimento amoroso estava se desvalorizando.

— *Com* Madame Bovary *morreu o romantismo. Compreendeu-se de repente que, por trás das belas palavras, se escondia uma realidade mais crua. A ilusão caiu.*

— Exatamente. *Madame Bovary* transformou o adultério em coisa insignificante; o romance abalou o imaginário romântico; a mulher não era mais um anjo. Ela assustava. No dia seguinte da Comuna surgiu o temor da animalidade do povo, vício descrito por Zola em *Naná*. Pensem nos Rougon-Macquart, mas também na obra dos irmãos Goncourt, livros nos quais a mulher figura como um ser desequilibrado cujo retrato traduz a ansiedade biológica. O perigo venéreo aterrorizava. O amor implicava riscos. Tornou-se trágico. Como mostrou Michel Foucault, os "sexólogos" conceberam então o catálogo das perversões. Estabeleceram a proibição da patologia em práticas que, até então, apenas a moral condenava.

— *O homossexualismo fazia parte delas.*

— No curso da primeira metade do século XIX, a medicina legal desenhou o retrato do "antinatural", que transformou então em tipo humano, estreitamente ligado a certas formas de animalidade. Conseqüentemente, o homossexualismo, que parecia propiciar todas as perversões e que era associado à hereditariedade

119

A MAIS BELA HISTÓRIA DO AMOR

mórbida, passou a ser objeto de estudos clínicos. Não se considerava mais o homossexual como um pecador, mas como um doente, que devia ser tratado. Em compensação, os homens tinham mais indulgência com relação às lésbicas, que alimentavam suas fantasias sexuais.

— *Naquela época, contudo, na segunda metade do século, o anticlericalismo estava crescendo, e as pessoas criticavam cada vez mais os confessores excessivamente curiosos, freqüentemente ambíguos, que se interpunham entre os esposos.*

— Sim. Enquanto a Igreja, apesar de tudo, continuava rigorosa sobre a questão da carne, a ofensiva anticlerical ia se revelando. Os confessores eram acusados de "querer saber demais", de suscitar o vício através de suas perguntas excessivamente precisas, de se imiscuir em segredos muito íntimos. A imagem do padre sedutor, perverso, perturbado com a confissão das mulheres, se popularizava. Os maridos os viam como um concorrente suscetível de lhes roubar a propriedade.

O *tempo dos cornos*

— *O divórcio, adotado em 1792 pelos revolucionários, suprimido mais tarde em 1816, foi restabelecido em 1884. Milhares de mulheres o exigiram. Mas o adultério era o grande tema do momento.*

— O adultério alimentava as conversações, de fato. O romance e o *vaudeville* incitavam à traição e traziam à cena o *ménage à trois*. Nos meios da alta política, era normal ter uma

DEPOIS O SENTIMENTO

amante. Mas não é o caso de superestimar a amplitude do fenômeno. Iam todos rir nas peças de Feydeau, as mulheres de braço dado com os maridos, para exorcizar a ameaça. Pois a mulher virtuosa continuava dominante no seio da burguesia, apesar de tudo.

— *Em vista disso, o adultério continuava oficialmente condenável.*

— O adultério do marido não podia ser punido, salvo se o esposo infiel sustentasse uma concubina no domicílio conjugal, o que seria praticamente bigamia. Não era raro que, na promiscuidade dos apartamentos, o burguês recorresse à empregadinha...

— *E o adultério da esposa?*

— Era um delito passível de punição, teoricamente de até dois anos de prisão. O marido dispunha de um direito de perdão: ele podia interromper a execução da pena para permitir à esposa voltar ao domicílio conjugal. Mesmo que o adultério feminino fosse menos freqüente do que se imagina, é verdade que as mulheres tinham uma mobilidade maior. A concentração urbana e a iluminação a gás modificaram os comportamentos; a vida noturna se intensificou, os notívagos freqüentavam os bailes, os espetáculos, ou perambulavam pelas avenidas. A partir dos anos 1880, as mulheres podiam se exibir nos terraços dos cafés. As viagens, em fiacre e depois nas estradas de ferro, as férias da mulher sozinha, os banhos de mar, tudo isso favorecia as aventuras.

— *Desenvolveu-se então uma prática inédita entre os jovens, destinada a um belo futuro: o flerte.*

A MAIS BELA HISTÓRIA DO AMOR

— Sim. O flerte tomou emprestado alguma coisa do antigo código romântico e conciliou a virgindade, o pudor e o desejo. Lá estavam o olhar que antecedia o encontro, as roupas que se tocavam quase que imperceptivelmente, ou as peles, as pressões de mão que esboçam as preliminares... depois os beijos, as carícias, os agarramentos que levavam às vezes ao orgasmo sem coito... Uma nova era estava começando.

Um novo erotismo

— *Era a eclosão de um novo erotismo. E imagina-se que as mulheres iriam encontrar aí uma nova forma de liberdade.*

— As que flertavam se situavam no meio do caminho entre a mocinha inocente e a jovem liberada. As esposas, por sua vez, também se divertiam com o flerte: entregavam-se aos jogos sensuais sem se comprometer verdadeiramente. Esse novo erotismo difundia mais doçura. A sexualidade conjugal começava a se modificar, e o prazer feminino a se afirmar. Alguns doutores audaciosos aconselhavam os maridos a empregar mais delicadeza. O casal conjugal estava se erotizando. A influência das prostitutas contribuiu, de maneira indireta: o homem jovem introduzia no leito conjugal os refinamentos aprendidos com elas. Foi, de todo modo, um dos grandes temores dos moralistas: que a alcova se transformasse em lupanar!

— *No final do século XIX, então, alguma coisa em nossa história estava em vias de ser modificada. Como se o pesado jugo moral que obstruíra as relações entre os homens e as mulheres desde a Antigüidade estivesse, dessa vez, se rompendo.*

DEPOIS O SENTIMENTO

— Sim. No final do século XIX começou a se desenhar um novo tipo de casal, mais unido: uma mulher mais informada, um homem mais preocupado com sua parceira. A contracepção se desenvolvia (com o coito interrompido, especialmente). O egoísmo masculino perdia sua soberba. Uma sexualidade mais sensual se descortinava no lugar da antiga sexualidade genital e rápida, destinada à procriação. Os esposos chamavam um ao outro de "querido". Alguns romances para moças não hesitavam mais em esboçar um erotismo velado. Era, em suma, a primeira revolução sexual dos anos 60, um século antes da nossa. Dali em diante estava colocada a questão da sexualidade.

Terceiro Ato

O prazer, finalmente

CENA 1

Os anos loucos

A partir de agora é preciso agradar!

Finalmente! Depois de séculos de inibições, frustrações, repressões, surge timidamente da penumbra essa coisa inconfessável, tão escondida, tão desejada: o prazer... A revolução amorosa que se desencadeia entre 1860 e 1960 é discreta, mas inelutável. Basta dessas conveniências hipócritas, dessa vergonha do próprio corpo, dessa sexualidade culpada que sanciona a indignidade dos homens e a infelicidade das mulheres! Não ao casamento sem amor! Não ao amor sem prazer! É o que as pessoas começam a pensar, a despeito de não ainda ousar dizer. A partir do período entre as duas guerras, tomado por um hedonismo salutar, as pessoas começam a se tocar, a se acariciar, a se beijar na boca (sim, na boca!). Em suma, elas se liberam. Esses anos não tão loucos abriram um novo ato da nossa história. E mais uma vez são as mulheres que vão para a frente da cena.

A MAIS BELA HISTÓRIA DO AMOR

O *poder de dizer "não"*

— **Dominique Simonnet:** *No alvorecer do século XX, saindo de um período de enclausuramento e, como vimos, muito pouco à vontade, delineia-se uma revolução dos costumes que irá lentamente amadurecer até os anos 1960. Foram necessários, pois, quase cem anos, marcados ainda por cima por duas guerras mundiais, para fazer explodir a nova liberdade do amor.*

— **Anne-Marie Sohn:** De fato, foi preciso uma longa progressão das mentalidades para que os indivíduos ousassem se emancipar da influência da religião, da família, da pequena cidade ou da profissão. Como nos contou Alain Corbin, no final do século XIX, novos comportamentos saíram do esquecimento, em oposição à moral oficial vitoriana, resultando na emancipação dos corpos e dos espíritos. Essa corrente de libertação iria se desenvolver no século XX, provocando uma verdadeira ruptura ética na história das relações entre homens e mulheres. Foram as pessoas modestas, e em primeiro lugar as mulheres, as primeiras a se engajar nessa via. Aos poucos, foram rompendo com o velho modelo da virgindade ao qual a religião as submetia, superando o medo da opinião pública e a obsessão do filho não desejado, e correndo cada vez mais riscos.

— *As mulheres, mais uma vez, na linha de frente! Como se manifestou essa libertação?*

— A primeira grande mutação foi o fim do casamento arranjado, que se efetivou por volta de 1920, primeiro nos meios populares, em que reinava uma grande liberdade de costumes e as

O PRAZER, FINALMENTE

pessoas não eram tão dirigidas por interesses patrimoniais. As mulheres, pouco a pouco, foram se apropriando do poder de dizer "não". O êxodo rural e o assalariamento, ao dar a cada um a possibilidade de dispor de seus próprios rendimentos, tornaram os jovens mais autônomos: os que "ascendiam" até Paris não dependiam mais dos pais, não tinham mais que prestar contas ao senhor padre ou ao prefeito do vilarejo. Procuravam naturalmente ser felizes.

— *E para ser feliz, é preciso amar.*

— O bê-a-bá da felicidade não era viver com alguém escolhido por nós e com quem nos entendêssemos bem? Essa idéia inovadora percorreu as classes sociais, até os burgueses: todos afirmavam que, de agora em diante, as relações matrimoniais deviam ser, antes de mais nada, baseadas em um sentimento recíproco. O amor se tornava o alicerce do casal. O casamento de conveniência parecia então vergonhoso.

"Meu coração está a seus pés"

— *O amor não era mais um luxo ou um acaso como antigamente. Passou a ser cultivado, as pessoas se tornaram orgulhosas dele.*

— Isso mesmo. As cartas de amor, muito abundantes no começo do século nos meios populares, mostram-no claramente: são confusas, cheias de erros de ortografia, mas desenvolvem uma retórica inflamada e romântica, a exemplo desses romances-folhetins que exploram velhos temas da literatura (como a

A MAIS BELA HISTÓRIA DO AMOR

mocinha perdida que o rapaz salva pela força de sua paixão). Algumas se parecem com a correspondência que Victor Hugo e Juliette Drouet trocaram, cheias de frases exaltadas. Entre 1900 e 1939, trocavam-se também cartões-postais amorosos, em geral mostrando um casal num ambiente bucólico: o homem com uma pose dominadora, estendendo à sua companheira um buquê de flores.

— *Com pequenos poemas já impressos.*

— Sim. A imagem vem freqüentemente acompanhada de alguns versos: "Sou todo seu. Meu coração está a seus pés. Uma palavra vinda de seus lábios fará minha felicidade." Anexava-se a eles um bilhetinho, retocava-se ligeiramente o texto impresso ou apenas se acrescentava: "Não preciso dizer mais nada, está tudo escrito neste cartão", o que evitava o problema da redação. A partir de 1914, o estilo mudou um pouco: os apaixonados estavam geralmente de frente um para o outro, olhos nos olhos, fascinados; depois estão abraçados, prestes a trocar um beijo apaixonado. Os filmes, os romances de banca de jornal são do mesmo gênero.

— *Tratava-se então de uma verdadeira sede de amar que subitamente se expressava, um desejo de amor reprimido durante muito tempo.*

— Sim. Agora é preciso amar! É a regra. Amar para viver bem. Pois as pessoas começaram a se convencer disto: se não conhecerem o amor, a vida será desperdiçada. E passa-se pouco a pouco da idéia de que é preciso amar o marido ou a mulher, o que já foi uma revolução fundamental, à idéia, antes escandalosa, de que é preciso viver os amores no momento em que acontecem. Assim, algumas pessoas seguem seus arroubos amorosos irrefletidos, casam-se em três meses, divorciam-se, saem por aí à procura... Mulheres infelizes com seus maridos vão-se embora buscar a afeição no adultério. As cartas mais apaixonadas que pude reunir vêm justamente de casais adúlteros, ou de moças que se atiraram nos braços de um rapaz sem a segurança do casamento.

Os bordados da sedução

— O casamento... Então ele continua sempre no horizonte.

— É claro! O amor era almejado, mas as necessidades sociais não desapareciam, elas continuavam restringindo a liberdade de escolha. Um provérbio do mundo rural diz: "Um nada pode; dois podem como três." O que significa que a atividade agrícola não pode funcionar senão com duas pessoas. É preciso encarar as necessidades da vida. Os locais habituais de encontro são limitados e mostram isso bem.

— Onde as pessoas se encontravam?

— Elas se conheciam no trabalho, na fábrica, no campo, no casamento da prima — um grande clássico — ou nas festas da cidadezinha, ou seja, no mesmo meio social. Na Bretanha, nas festas chamadas Perdões, media-se a riqueza de uma moça pelos bordados de sua saia de veludo, traje muito caro: quanto mais ricos de relevos fossem os bordados, mais a senhorita era abastada. Conforme o caso, o rapaz pobre não iria cortejá-la. Entre pessoas do mesmo nível havia troca de presentes, como as "bolas de perdão" que se penduravam nas casas, sinal do interesse que se tinha pela pessoa. Na Provence, oferecia-se um xale.

— *O amor, certo. Mas com a condição de permanecer entre os seus, é isso?*

— Alguns amavam pessoas acima de sua condição, mas expunham-se muitas vezes à oposição dos pais. As moças tinham um grau maior de liberdade e podiam ter esperança de amar fora de seu meio social. As operárias conseguiam se sair bastante bem: uma quarta parte chegava a se casar com um homem da pequena burguesia, subindo assim um pouco na escala social (os homens operários, por sua vez, não faziam "bons" casamentos). Era o resultado da sedução, que adquiria cada vez mais importância nessa época. A partir de então, passou a ser necessário agradar.

A febre do sábado à noite

— *Foi a grande revolução do flerte, de que nos falava Alain Corbin. O que significa que os jovens passaram a ter mais liberdade para se encontrar.*

— Sim. As festas tradicionais, locais de encontro clássicos, se tornaram menos numerosas. Mas os locais de lazer se multiplicaram. A partir de 1900, os donos de bares começaram a organizar bailes nas salas de trás todos os domingos. No começo havia um violinista. Depois viriam o fonógrafo, o *dancing*, o cinema e, depois da Segunda Guerra Mundial, as boates e as "festas-surpresa". Graças à bicicleta e mais tarde aos serviços de táxi, a partir do período entre as guerras as pessoas começaram a se deslo-

O PRAZER, FINALMENTE

car com facilidade, indo de festa em festa. Saber dançar se tornou o passaporte indispensável para o amor. Os jovens adquiriram o hábito de sair aos domingos, de dançar juntos, de se rever... Eles se "freqüentavam". As famílias eram informadas: "Você vai ao baile esta noite? — Com quem? — Com o Alberto." Alguns pais até tentavam impedir a filha de sair, mas sabiam que era preciso arranjar-lhe um marido. Então... pouco a pouco, os jovens foram adquirindo uma liberdade nova. Eram vistos passeando juntos aos domingos, na feira, pelas ruas. Os casais não casados passaram a ser aceitos. Eles podiam se exibir.

— *Eu imagino que em tal contexto a sexualidade tenha se liberado.*

— Foi a outra grande transformação do momento. A partir do período entre as guerras, a moral sexual foi se tornando cada vez mais elástica. Claro, a Igreja não aceitava a sexualidade conjugal, a não ser a serviço da fecundação ilimitada, e continuava manifestando bastante reticências em relação ao prazer. A sexualidade continuava sendo um pecado. Mas um número crescente de católicos afirmava que o amor e o prazer eram indissociáveis. E as interdições caíam.

Mulheres de má vida

— *De que maneira se manifestava essa modificação da moral sexual?*

— Ela se traduzia, para começar, na linguagem. As pessoas tinham menos vergonha dos prazeres da carne. E falavam disso.

A MAIS BELA HISTÓRIA DO AMOR

Até então, utilizava-se a linguagem romântica do século XVIII — "satisfazer a paixão" —, e as relações sexuais eram evocadas de maneira eufemística ou com a ajuda de um vocabulário que remetia à sujeira e ao pecado. Naquele momento, passou-se a falar do sexo utilizando uma linguagem neutra e distante — "relações", "partes sexuais" —, o léxico anatômico que permitia descrever tudo com um certo distanciamento. Não se hesitava mais em nomear com precisão as partes do corpo. Os processos judiciais da época estão repletos de termos médicos. Menciona-vam-se "sexo", "vagina", "coito". A linguagem se liberava. As consciências também. Tudo isso desculpabilizava as práticas sexuais. Mas, atenção, isso entre adultos. Não se falava de sexua-lidade aos adolescentes.

— *O que sabiam esses adolescentes? O que faziam para saber como abordar o outro sexo, para "se tornarem íntimos", como se diz?*

— Eles nada sabiam. Exceto em certos meios populares onde as pessoas eram bastante francas, notadamente sobre o capítulo das doenças venéreas, o silêncio prevalecia nas famílias até os anos 1960. A única educação amorosa era negativa: "Preste aten-ção! Desconfie dos meninos!" — repetia-se às meninas. "Desconfie das mulheres de má vida!" — aconselhava-se aos meninos.

— *Um tanto sumário, com efeito, como educação sexual!*

— Em 1930, meu pai, nascido na Alemanha e então com 19 anos, saiu de casa para ir estudar em Frankfurt. Na plataforma da estação, no momento em que ele já estava dentro do trem, meu avô (nascido em 1870) ainda teve tempo de lhe dar este mesmo conselho: "Desconfie das mulheres de má vida!" Nada mais. Foi a única palavra que ele pronunciou sobre o assunto, em dezenove anos. Naquela época, os adolescentes deviam, pois, colher as informações onde pudessem. Tratavam de ir catá-las nos livros, mas os pais os vigiavam. Simone de Beauvoir conta como, nos anos entre as guerras, sua mãe colava as páginas um pouco mais ousadas de certas obras para que ela não pudesse ter acesso a elas.

Esposas irreprocháveis

— *Sob esse aspecto, as meninas não eram, de maneira nenhuma, colocadas no mesmo nível que os meninos. Estes continuavam em vantagem.*

— A noção da necessidade da iniciação do rapaz subsistia. No mundo masculino, os virgens eram motivo de chacota. Um menino casto até o casamento era sempre um pouco ridículo. Então, os tios ou os homens da família faziam pressão para estimular o rapaz a se desvirginar. Este descobria a casa de tolerância ou encontrava uma moça complacente, "fácil", como se dizia à época. Mas raramente encontrava uma parceira da sua idade. Pois, para uma menina, entregar-se a relações sexuais antes do casamento era arriscar-se a arruinar suas chances matrimoniais. Para traduzir seu amor em sexualidade, a moça queria ter a certeza de ser desposada.

— *Os jovens do sexo masculino continuavam querendo ter a certeza de casar com uma moça virgem.*

A MAIS BELA HISTÓRIA DO AMOR

— Entre a burguesia, permanecia o apego à virgindade feminina, e os rapazes desse meio desejavam que sua futura esposa fosse irreprochável: se ela não tivesse sido virtuosa antes do casamento, existiria o risco de não o ser depois (era a velha obsessão de não ser o pai do próprio filho). Daí a completa desigualdade dos comportamentos sexuais de rapazes e moças. Em vista disso, uma certa pressão social era exercida sobre os rapazes: eles não podiam fazer qualquer coisa.

— O *que era reprovado?*

— Era muito malvisto um rapaz manter uma ligação com uma mulher casada, ou engravidar uma moça sem se casar com ela. Se fizesse a "besteira", era preciso repará-la: festejava-se a "Páscoa antes do Domingo de Ramos", ou seja, o rapaz se casava com a moça engravidada por ele. Se o rapaz fugia, como acontecia às vezes, era unanimemente condenado. Nos meios liberados — caso dos operários parisienses —, onde se vivia em concubinato, ninguém fazia um drama se aparecesse um filho natural. Mas, de uma maneira geral, as moças eram prudentes e muito vigiadas. No decorrer dos anos, contudo, desenvolveu-se a idéia de que o amor e a sexualidade caminhavam juntos e que, se existia a certeza de amar, podia-se correr o risco de ir mais além. As ligações antes do casamento desenvolveram-se de maneira impressionante. Um quinto das moças tinham relações pré-nupciais na *Belle Époque*; mais ou menos um terço, no período entre as guerras; e metade, nos anos 1950.

O PRAZER, FINALMENTE

Casais mais afetuosos

— *Mais amor entre o casal, um pouco mais de sexualidade...*
Isto quer dizer que as relações entre os homens e as mulheres
tinham mudado, se tornado mais afetuosas?

— As relações do casal estavam um pouco mais igualitárias e
mais afetuosas, mesmo que as mulheres se encarregassem das
tarefas domésticas e de inúmeras tarefas educativas. Havia, ao
que parece, menos injunções brutais dos maridos que, no século
XIX, só falavam às esposas com um tom de comando e pretendiam ser "o amo e senhor da mulher". Para a opinião pública, o
marido violento não era mais o senhor, mas um homem brutal,
desaprovado. E as pessoas agora se mostravam chocadas se a
camponesa não comia na mesa e permanecia de pé, junto do
fogão, como acontecia nas gerações precedentes. Mas podemos
nos perguntar se a afirmação do sentimento amoroso não teria
resultado também em formas novas de dominação masculina,
mais insidiosas, mais sutis: a mulher se submetia não mais por
pressão, mas por amor. Pois com o amor chegavam também
todas as manipulações afetivas, a exemplo do ciúme tirânico de
certos maridos.

— *O casal começava a se erotizar, dizia-nos Alain Corbin.*
Essa tendência é confirmada?

— No período entre as guerras, as carícias, mais longas, mais
hábeis, se generalizaram, assim como o beijo na boca. Este até
então era julgado escandaloso, mesmo na intimidade (uma sen-
tença do Supremo Tribunal, de 1881, julgou-o constitutivo do

137

A MAIS BELA HISTÓRIA DO AMOR

crime de atentado ao pudor). De repente, o longo beijo na boca foi valorizado, tornando-se o símbolo da paixão, e se generaliza. No campo, ele substituiu os antigos códigos, os esbarrões e as beliscadas que os rapazes davam nas moças. Até então, as pessoas eram extremamente pudicas em relação à expressão dos sentimentos, reserva herdada de uma desconfiança inculcada durante séculos pela religião cristã. Agora começava-se a beijar as crianças, o que não se fazia anteriormente. As crianças também passavam a expressar seu amor fazendo carinho nos pais... Tudo isso se desbloqueou. No fundo, o sentimento amoroso foi a *avant-garde* da expressão de outros sentimentos. Depois das crianças, começou-se a beijar as mães... de uma outra maneira.

Carícias e "preliminares"

— *Até então o ato sexual fora geralmente conduzido de maneira bastante primitiva, até mesmo arcaica, inteiramente reservado à satisfação muito rápida do homem. Isso também iria mudar?*

— Na cama, o destaque foi dado às preliminares. Mesmo que as mulheres recusassem categoricamente a sodomia, prática que chegou até a uma forma de estupro por certos homens, em um espírito de dominação, a sexualidade oral se desenvolveu. O longo movimento de descoberta do corpo entrou em ação. É preciso notar que isso surgiu junto com o progresso da higiene íntima. A limpeza era exigida.

O PRAZER, FINALMENTE

— *As pessoas finalmente ousavam se mostrar nuas?*

— Não se chegava a tanto... Durante séculos, a nudez foi um tabu religioso. Entre o banho do nascimento e o do dia do próprio enterro, algumas mulheres nunca se exibiram nuas. Durante os Anos Loucos, as mulheres se vestiam com saias curtas, mostravam as pernas, mas apesar de tudo conservavam um antigo pudor. Embora nos meios populares as pessoas fizessem amor em pleno dia, às pressas, na estrebaria ou em cima do baú de comidas, nunca tiravam a roupa.

— *E dentro do quarto?*

— Dentro do quarto os casais se despiam, mas ficavam no escuro. Amar ainda não era abandonar-se. Não nos esqueçamos de que os jovens casais dos anos entre as duas guerras tiveram pais educados no século XIX, aos quais foram inculcadas regras de pudor muito estritas. Contudo, a partir dos anos 1930, graças às férias remuneradas, as mulheres passaram a ir à praia, usar maiôs, *shorts*, vestir saias-calças para andar de bicicleta... Pouco a pouco, os corpos foram se desvendando.

"Era um vulcão!"

— *E o prazer feminino, até então negado, muitas vezes abominado?*

— Os médicos se inquietavam de ver as mocinhas, verdadeiros anjos de pureza, chegando ao casamento sem saber nada. Eles se dão conta de que traumatismos graves resultavam dessa igno

A MAIS BELA HISTÓRIA DO AMOR

rância. Para as mulheres, o prazer não era ainda uma reivindicação afirmada. Elas não falavam, mas pensavam nisso.

— *Espera-se que não se contentassem só em pensar.*

— Algumas enganavam os maridos, o mais das vezes com alguém mais jovem do que ele (ou mais jovem do que ela), e se defendiam dizendo: "Ele é mais competente do que você." O que queria dizer que elas estavam buscando o prazer. Eu tomei conhecimento do caso de um operário parisiense cuja mulher tinha se casado com ele devido a uma decepção amorosa. Ela não o amava. No dia da noite de núpcias, ela teve uma crise de nervos, recusou-se a tudo. A mãe interveio, tentou convencer a filha. Imaginem a cena... A história durou quinze dias. Ele foi alvo de zombarias dos amigos, a ponto de ter se despido diante deles para mostrar que era um homem de verdade. O homem se tornou momentaneamente impotente. Finalmente, ao cabo de vinte anos de casamento, essa mulher descobriu o amor por ele. Ele ficou desatinado: "Ela era um vulcão", disse ele, "eu não dava mais conta." Esse caso excepcional mostra que a ausência de sexualidade feliz era uma fonte de desgosto.

— *Então o objetivo era formar um casal não somente apaixonado, mas também sexualmente bem-resolvido. Casamento, sentimento, prazer, todos os três reunidos. De toda nossa história do amor, foi o período mais idealista!*

— O ideal era de fato juntar os três. Além disso, havia a vontade de ter filhos, o que complicava o desafio. E ainda por cima trabalhava-se! O marco de chegada foi colocado muito distante.

140

O PRAZER, FINALMENTE

E eram raros os que o alcançavam. Então as mulheres tentaram se persuadir de que tudo ia muito bem. O fenômeno apareceu muito claramente entre os anos 1930 e os anos 1950: algumas mulheres, notadamente católicas, começaram a viver uma impostura; elas permaneciam casadas por dever, mas mergulhavam no amargor. Outro reverso da medalha: os casais fundados sobre o amor se desfaziam mais facilmente do que antes. A partir dos anos entre as duas guerras, numerosos casais se desfizeram, por desencantamento. O adultério se tornou o revelador da disfunção amorosa. Dos pedidos de divórcio, 75% a 80% eram formulados por mulheres.

A revolução amorosa

— *As gerações de que estamos falando foram abaladas pelas duas guerras mundiais. As guerras modificaram a evolução rumo ao casal formado por amor e por prazer?*

— A revolução amorosa não conheceu ruptura. Creio que a sexualidade e o amor têm uma cronologia própria independente dos acontecimentos políticos. Claro, havia a evidente frustração dos soldados, o homossexualismo latente no *front*, do qual ninguém falava e ninguém sabia. Alguns soldados enfrentaram terríveis violências. Como poderiam retornar a um ideal amoroso? Por sua vez, as mulheres viveram mal a ausência; nem sempre foram fiéis... Os retornos foram difíceis, seguiram-se inúmeros divórcios, mas 90% dos casais permaneceram juntos. Sabemos também quão devastadores foram os efeitos da Primeira Guerra nos campos. Durante os anos 1920, havia tão poucos rapazes que

A MAIS BELA HISTÓRIA DO AMOR

os pais deixaram as filhas fazer o que quisessem. A emancipação, assim, acelerou-se.

— *Os anos seguintes a 1945 são comparáveis aos Anos Loucos, marcados por uma vontade de emancipação amorosa e sexual. Após a loucura guerreira, uma certa juventude se liberou.*

— Depois da Primeira Guerra Mundial, houve um primeiro impulso da juventude, influenciada por filmes americanos de diretores alemães ou austríacos emigrados, como Lubitsch ou Billy Wider. *La Garçonne*, que mostrava uma moça arranjando amantes homens e mulheres, provocou um enorme escândalo, mas ao mesmo tempo foi um sucesso. Escritoras como Colette não escondiam seu bissexualismo... Depois da Segunda Guerra Mundial, há uma nova onda de liberação de costumes.

— *Como mostra o filme* Les Tricheurs (Os trapaceiros) *de Marcel Carné, mostrando jovens desocupados de Saint-Germain-des-Prés, perdidos em um prazer cínico e funesto...*

— E também *Bonjour tristesse (Bom-dia tristeza)* de Françoise Sagan (1954), *Le Blé en herbe (Amor de outono)* de Claude Autant-Lara (1953) e *Les Amants (Os amantes)* de Louis Malle (1958) causaram escândalo. O otimismo recuperado, o desejo de ser feliz, o apetite de viver convidavam ao amor. Portadora de uma nova aspiração, a juventude ia se tornar amnésica, não queria falar da guerra: "Hitler, nem sei quem é!" A juventude queria um outro mundo. A partir de 1945, o hedonismo introduziu-se nos casais legítimos. O *baby boom* foi um de seus efeitos. Os filhos são um investimento no futuro.

O PRAZER, FINALMENTE

Queremos prazer!

— *Mas os anos 1960 vão explodir o ideal de que falávamos.*
O prazer será posto à frente.

— Os anos 1960 vão separar a sexualidade, o casamento e o amor. As pessoas vão se tornar muito exigentes em matéria sexual: ninguém se casa sem ter antes testado o futuro parceiro, a fim de ter a certeza de ser possível coincidir amor e sexualidade (isso, aliás, começou com a *Belle Époque*: os viúvos que queriam se casar de novo faziam sempre um teste para ter certeza de que o futuro cônjuge iria satisfazê-lo). Se a coisa não funcionasse como devido, rompia-se. Alguns homens largam as namoradas por considerá-las "um desastre" na cama. As pessoas queriam prazer. O amor não é suficiente. Às vezes nem mesmo é necessário.

— *A liberação sexual e amorosa seria, em sua opinião, inelutável?*

— Em matéria de amor, como em qualquer outra coisa, há sempre uma vanguarda, cujos comportamentos servem de modelo e terminam sendo seguidos pela maioria. Certo, existem resistências. Ao longo de todo o século XX, alguns moralizadores tentaram voltar para trás: "As mulheres devem ficar dentro de casa, elas não devem abortar, não devem viver em concubinato..." Mas seus discursos foram ineficazes. O efeito de imitação entre os jovens era poderoso demais. Observa-se isso nos anos 1950 com o flerte: os que não flertavam como os outros terminavam se sentindo ridículos. Assim, passou-se do amor idílico à sexualidade obrigatória. O que foi chamado de "revolução

143

A MAIS BELA HISTÓRIA DO AMOR

sexual" dos anos 1960 e 1970 foi, pois, fruto de todas essas décadas de transformações. O controle da reprodução, com a pílula e a legalização do aborto, completou essa liberalização. A partir desse momento, todos os embates amorosos são possíveis.

CENA 2

A revolução sexual

Gozemos sem entraves!

E de repente, a explosão! A pesada couraça que séculos de repressão haviam colocado sobre a sexualidade explode sob a pressão de maio de 68. É proibido proibir! Gozemos sem entraves! Vamos fazer tábula rasa do passado puritano! Inteiramente nus, com flores no cabelo, passando de mão em mão baseados e parceiros. É o paraíso sobre a Terra. Só que... A mística do sexo tem seu reverso. Prioridade absoluta ao prazer. Orgasmo obrigatório. "Você não é liberada!" — replica-se às que se rebelam. O sentimento amoroso é negado, o casamento é ridicularizado. Ousamos dizer que alguns gentis revolucionários foram verdadeiros Robespierres. Ainda não acabamos de sentir os efeitos desse episódio inocente e perverso.

A MAIS BELA HISTÓRIA DO AMOR

O *parêntese encantado*

— **Dominique Simonnet:** *Fala-se dos anos 1960 e 1970 como um "parêntese encantado" entre a pílula e a AIDS, um momento de graça e de liberdade sexual, em que tudo era possível, tudo era permitido, como se o amor tivesse se libertado de todas as suas cadeias. A visão é um tanto idílica demais, não?*

— **Pascal Bruckner:** Apesar de tudo, ela é razoavelmente exata. Naquela época, havia uma conjunção muito propícia ao amor livre: uma situação econômica florescente (em plenos "Trinta Anos Gloriosos,"[1] a França descobria a prosperidade depois da penúria da II Guerra Mundial), um otimismo delirante à direita bem como à esquerda (o câncer ia ser aniquilado, o infarto do miocárdio liquidado), ausência de doenças venéreas (a última, a sífilis, havia sido vencida). Todas as combinações eróticas eram possíveis, sem outros riscos senão uma gonorreiazinha ou o cansaço físico. De uma hora para a outra, o sujeito amoroso podia se imaginar vagueando entre seus desejos, sem freios nem penalidades. A ciência vencera a velha idéia do pecado sexual. A liberdade parecia não ter limites. Esse era, pelo menos, o clima da época.

— *Era, como Anne-Marie Sohn nos disse, a conclusão de um longo movimento de emancipação abafado durante muitas décadas.*

— A contestação vinha sendo exercida há mais de um século por diferentes vanguardas artísticas e estéticas. Como nos anos

---

[1] *Les Trente Glorieuses*: trinta anos de crescimento da economia francesa entre o fim da II Guerra Mundial e 1975. (N. T.)

O PRAZER, FINALMENTE

1930, um desejo de liberdade expressara-se com força no pós-guerra, principalmente entre os jovens. No meio dos anos 1960, nós fervíamos de vontade de saber, e nos aferrávamos ao menor sinal. Ficamos de fato fascinados por filmes como *Les Tricheurs* (*Os Trapaceiros*) de Marcel Carné, que representavam para nós a utopia do amor livre e da orgia. Estávamos saindo de uma sociedade hipócrita, na qual os pais ainda eram a lei dentro das famílias e os patrões dentro da empresa. E nós queríamos acabar com aquela França espartilhada, rígida, fechada. Tudo o que pudéssemos abocanhar do estrangeiro — *rock*, *blues*, *soul*, os *hippies*, os cabelos compridos — era adotado com uma avidez sem limites. Os meninos e as meninas se olhavam como duas tribos que logo iriam pular uma sobre a outra, mas que continuavam separadas por proibições.

— *Quais eram essas velhas proibições?*

— Restavam a virgindade das mulheres antes do casamento (mas era quase um gracejo), as escolas não mistas, uma certa ascendência dos homens sobre as mulheres, uma forma de pudor... Na época, toda a França comungava do símbolo duplo do *vaudeville* e do adultério (os quais, atentemos, de forma alguma desapareceram hoje em dia). Dito isso, descobrimos que os mais velhos também estavam prontos para passar a um outro regime sexual, o da liberdade. Na verdade, os tabus caíram naqueles anos porque já estavam mortos, roídos por dentro em decorrência de toda uma mentalidade democrática e igualitária. Os historiadores da sexualidade nos explicaram: até o nascimento da revolução industrial, reinou uma certa liberdade sexual nos campos, e a Igreja oprimiu menos do que a burguesia o fez. Mais tarde, as proibições foram minadas pelo movimento socialista e

A MAIS BELA HISTÓRIA DO AMOR

operário, o anarquismo, a herança de Rimbaud, o surrealismo, o situacionismo... Só que fingia-se ignorar. Inventou-se um inimigo formidável e mítico, a tradição judaico-cristã, para melhor sublinhar a singularidade de nosso tempo.

Viver sem interrupção

— *Então foi maio de 1968 que revelou e explodiu a velha couraça moral.*

— Sim. Maio de 68 foi o ato de emancipação do indivíduo, o ato que solapou a moral coletiva. A partir de então, vamos viver como indivíduos. Não temos mais que receber ordem de ninguém. Nem da Igreja, nem do exército, nem da burguesia, nem do partido... E, uma vez que o indivíduo é livre, não tem outros obstáculos diante de seus desejos senão ele próprio. "Viver sem interrupção, gozar sem entraves." É a maravilhosa promessa de um novo mundo. Manifesta-se então um verdadeiro júbilo diante da idéia de derrubar uma ordem que nos marcou a infância. Íamos passar da repressão à conquista, e tínhamos o sentimento de estar vivendo um momento histórico.

— *Foi uma parte da juventude que deu a primeira largada.*

— O movimento alcançou essencialmente as grandes cidades e o meio estudantil. Paris era a vanguarda, oásis de liberdade em uma França onde estava mais fácil viver, mas que ainda era prisioneira dos velhos preconceitos, sobretudo para mim que vinha de um meio católico muito estrito. No liceu Henri IV, durante a

O PRAZER, FINALMENTE

hypokhâgne,[2] nós formávamos o paraíso dos frustrados! Falava-se de marxismo, revolução, proletariado, para disfarçar uma miséria sexual e afetiva total... Havia desejo, arrebatamentos, longos suspiros. Mas vinham disfarçados com uma retórica revolucionária enganadora.

— *E de repente, tudo explodiu...*

— Uma frase do ministro da Educação, François Missoffe, dirigida a Daniel Cohn-Bendit, que reclamava o direito de ir até os dormitórios das meninas, acendeu a pólvora: "Se está incomodando vocês, tratem de ir à piscina!" Maio de 68 foi uma revolução antiautoritária, antitradicionalista, na qual a sexualidade agiu como um farol, como um instrumento de medida da mudança em curso. Subitamente, a irrupção da volúpia! No século XVIII dizia-se "eu te amo" para dizer "eu te desejo". Dessa vez, diz-se "eu te desejo" em vez de dizer "eu te amo".

Como crianças em uma confeitaria

— *Então é isso o que se chamou de "a revolução sexual". A que correspondia, efetivamente, a expressão?*

— Era o direito ao desejo para todos, o direito a não sermos mais penalizados ao manifestarmos nossa atração por outra pessoa, grande novidade para as mulheres que, até então, eram sem-

---

[2] Nos colégios, as classes preparatórias para a *École Normale Supérieure* (Letras). (N. T.)

A MAIS BELA HISTÓRIA DO AMOR

pre reprimidas em sua expressão da libido. Antes, vivíamos de amores interrompidos, que paravam no último estágio ("meus pais não querem; eu quero ser virgem até o casamento"), o que ainda hoje é uma realidade para a maioria dos muçulmanos. Dali para a frente, a porta estava aberta: uma moça podia escolher o que queria, desobedecer à norma social, parental, familiar...

— *E era legítimo ir atrás do prazer.*

— Tudo se desestabilizou: a ênfase era dada não mais à proibição do prazer, mas, ao contrário, ao direito ao prazer. Grande revolução: reconhecia-se também uma outra categoria de desejo, o das mulheres, que não se resumia simplesmente à pulsão do tipo masculino. E passou-se desse reconhecimento ao ato propriamente dito. Tudo isso foi vivido com obstinação, perseverança, com uma vontade de ir na direção de um mistério.

— *Concretamente, com que se parecia essa passagem ao ato?*

— Foi uma época em que todo o mundo dormia com todo o mundo, tanto por desejo quanto por curiosidade. Era como se fôssemos crianças soltas dentro de uma confeitaria! Era possível ter de tudo, experimentar tudo! Ia-se para a cama dizendo "se eu não fizer isso, vou parecer uma pessoa idiota ou retardada e, além do mais, pode ser bom de provar". Durante os anos 1960 e 1970, houve, assim, uma enorme avidez: a vida se desenrolava inteiramente ao sabor da experiência. Dizia-se que nada devia ser recusado, nem mesmo as experiências homossexuais.

O PRAZER, FINALMENTE

"Ereção, insurreição!"

— *Reconheçamos, tudo isso vinha embalado em um discurso intelectual bastante nebuloso. Na época, teorizava-se muito a respeito da sexualidade, e freqüentemente se dizia qualquer coisa.*

— As pessoas liam Freud, claro, teórico paradoxal que, contudo, não era partidário da licenciosidade; mas sobretudo liam Wilhem Reich, cujas idéias (utilizadas por uma fração da extrema esquerda como uma espécie de síntese entre Freud e Marx) adaptavam-se maravilhosamente às extravagâncias da época. Segundo Reich, a ausência de orgasmo permitia explicar o duplo fenômeno do fascismo e do stalinismo. Porque as pessoas não gozavam é que escolhiam tipos como Hitler ou Stalin. Como Reich tinha sido perseguido nos Estados Unidos pelo FBI, internado à força em um hospital psiquiátrico antes de falecer, no final dos anos 1950, era considerado um mártir. O orgasmo, proclamava-se, tinha virtudes não somente hedônicas como também políticas. No movimento *Sexpol*, cujas publicações relemos hoje em dia às gargalhadas, trotskistas nos explicavam como a emancipação do ser humano passava não só pela greve como também pela cama: à noite, copulando, o operário e a operária deveriam alcançar juntos o êxtase para apressar o "grande dia", sem o que restaria um perigoso resíduo de energia passível de ser confiscado pelos patrões, correndo-se o risco de aprofundar a regressão social. Isso tudo era uma inacreditável barafunda, mas as pessoas acreditavam nela: "Quanto mais eu fizer amor, mais eu farei a revolução!" Raoul Vaneigem chegou a fazer este trocadilho, que parece consternador hoje em dia: "Ereção, insurreição!"

A MAIS BELA HISTÓRIA DO AMOR

— O amor livre constituiu-se então numa verdadeira ideologia. O graal do sexo iria trazer a felicidade...

— ... e a paz sobre a Terra. A revolução proletária não ia lá muito bem das pernas (bem se via que o objetivo do proletariado não era fazer a revolução, mas aburguesar-se), o Terceiro Mundo ficava longe, a despeito das proclamações generosas. A sexualidade, por sua vez, era cheia de promessas. Dizia respeito a todos os indivíduos, em sua vida mais íntima. Tentava-se então incluir o amor livre em todas as ideologias da época. Em que medida o materialismo histórico podia corroborar a revolução cultural? Lenin podia se casar com Reich? Havia por toda parte um delírio fecundo; não somente os corpos estavam sendo liberados, mas a palavra.

"Amai-vos uns em cima dos outros"

— Mais do que um dogma, era claramente uma mística!

— Era. A sexualidade era o prolongamento da religião, a forma mais imediata e mais acessível da redenção. Ela conciliava ao mesmo tempo o prazer e a poesia. Ia muito além do desejo. Fazia-se amor pensando em Rimbaud, em Breton, em Éluard. A sexualidade trazia, acreditava-se, um amor universal, uma forma de franciscanismo. Cunhou-se esta frase, deturpada, do Evangelho: "Amai-vos uns em cima dos outros." Reinventava-se uma forma de cristianismo primitivo. No curso da História, numerosas heresias foram inventadas em nome do corpo, com a idéia de que o paraíso deveria ser vivido agora, imediatamente, de que beatitude e felicidade deveriam, antes de mais nada, ser vividas

152

O PRAZER, FINALMENTE

entre irmãos e irmãs, abades e abadessas, monges e monjas. Geralmente isso começava com copulações e terminava na fogueira, em abomináveis torturas, pois a Igreja nunca esteve para brincadeiras. A revolução sexual inscreveu-se nessa tradição.

— *Tudo isso, visto a distância, parece cômico. Ficamos espantados com a imensa ingenuidade na qual todos mergulharam naquele momento.*

— Na corrente *hippie* havia ingenuidade e tolice, mas também uma certa generosidade evangélica, a convicção de ser portador de uma mensagem de amor tomada de empréstimo diretamente das fontes da tradição judaico-cristã. A sexualidade estava incluída em um movimento conjunto que deveria fabricar um ser humano novo, um novo Adão reconciliado com tudo o que séculos de obscurantismo e tradição judaico-cristã o tinham impedido de viver. As pessoas estavam persuadidas de que, no jogo sensual, havia uma verdade que escapava a cada um dos atores e os transcendia. E que, no fundo, nós éramos os agentes de um poder que ia além de nós mesmos, que germinara na História desde milênios e do qual éramos os primeiros descobridores. Nós éramos como exploradores. O sexo era o jardim do Éden. Alguns torciam o nariz para entrar nele e ficavam na porta do falanstério,[3] mas era preciso que se agisse para que todo mundo pudesse se beneficiar com o festim. O sexo era o mensageiro da promessa. E a promessa era o fim das barreiras entre os homens,

---

[3] No sistema de Charles Fourier, utopista francês (1772-1837), a comunidade e a unidade de trabalho. (N. T.)

o fim do ódio, o surgimento de uma linguagem universal. Enxergava-se na criança um ser que se deseja, e no adulto a criança que se havia sido. Assim se realizava a velha utopia propalada ao longo de toda a história ocidental!

A redenção pelo sexo

— *Isto se parece bastante com a ilusão comunista.*

— A revolução sexual foi a ilusão comunista menos o partido, menos a doutrina, menos o gulag, o que não deixa de ser bom. A ilusão comunista foi, por sua vez, a retomada da mensagem milenarista do cristianismo e das heresias do judaísmo. Existe aí uma inegável filiação. Chesterton teve esta frase genial: "O mundo moderno está cheio de idéias cristãs enlouquecidas." A revolução sexual foi uma delas.

— *Essa loucura não teria sido própria de uma minoria de intelectuais e alternativos razoavelmente alcoolizados?*

— É difícil dizer hoje em dia. De todo modo, ela expressou um movimento de massa. O vento soprava dos Estados Unidos, com os *hippies*, a música, a droga, mas também da Inglaterra, da Holanda, países protestantes onde reinava uma espécie de desenvoltura erótica. O que houve de mais rico em 68 foi a revolução do desejo, que seria em seguida teorizada por Foucault, Deleuze, Guattari... Havia um sentimento de benevolência generalizada, ingênua porém fecunda: o sexo devia atenuar todas as nossas pulsões ruins. Uma vez que o mal era de origem sexual, íamos nos tornar bons fazendo amor.

O PRAZER, FINALMENTE

"Você não é liberada!"

— *Era a mensagem enunciada principalmente pelo movimento* hippie *nos Estados Unidos.*

— Alguns *hippies* tinham feito do sexo uma espécie de formalidade, uma maneira amável de se dizer bom-dia: "O ato amoroso deveria ser tão banal quanto beber um copo d'água a dois", dizia a anarquista russa Alexandra Kollontai. Todos se sentiam livres para agir, na certeza de que o ato sexual não seria seguido de nenhuma conseqüência, nem de um filho, graças à contracepção, nem de uma doença. E, além do mais, iam para a cama porque era preciso, estava na moda! Não havia por que ir contra a história de seu tempo.

— *Mas essa revolução singular teve sua face obscura: o discurso normativo, a pressão do grupo, as culpabilizações perversas... É preciso aderir ao dogma do amor livre, entregar o corpo sem torcer o nariz, ou então se analisar, fazer autocrítica, punir-se. Em vez de liberação, um terrorismo!*

— Com toda a certeza. De repente, o sexo se tornou terrorista. Passara-se de um dogma a um outro, sem que ninguém se desse conta, pois o novo tinha a aparência de uma maravilha. O prazer havia sido proibido. Tornara-se obrigatório. O ambiente se prestava à intimidação, não mais pela lei, mas pela norma. A proibição se inverteu, e um novo tribunal se instalou: não somente era preciso fazer amor de todas as maneiras, com todas as pessoas possíveis, sem reticências, sem tabus, mas ainda era preciso ter prazer da mesma forma. Quem se subtraísse era visto como uma espécie de destroço reacionário, um resíduo do mundo

155

A MAIS BELA HISTÓRIA DO AMOR

velho. Quando as meninas se recusavam a ir para a cama, havia um meio de culpabilizá-las: "Ora vejam, quer dizer que você ainda está nessa! Você não é liberada!" Pouco a pouco estabeleceu-se, pois, o que nós chamamos, com Alain Finkielkraut, de ditadura do orgasmo obrigatório, a idéia de que os homens e as mulheres deviam gozar da mesma maneira. Era necessário estar à altura. O erotismo entrava no domínio da proeza. Inflava-se o número de parceiros e de orgasmos como quem inflava seus peitorais. O sexo se tornou façanha obrigatória.

— *Esquecido o casamento, desprezado o sentimento! Dos três ingredientes do amor que se combinam ou se opõem desde o começo de nossa história do amor, é o prazer, tão longamente reprimido, que se torna a prioridade absoluta e esmaga os outros dois. Deleuze e Guattari chegam a falar do "ignóbil desejo de ser amado".*

— Mesmo os grandes espíritos falam bobagens... O corpo surge como a metáfora da subversão, todo o resto torna-se apenas acessório, e o sentimento é ocultado. Repetiu-se durante séculos que os homens haviam disfarçado o desejo sob belas palavras, por trás da cortina dos belos sentimentos. Agora é preciso rasgar a fantasia! Apesar de as canções continuarem a falar de amor, a música popular da época — o *rock and roll* e a *pop* — emitia gritos de apetite sexual selvagem (*I can't get no satisfaction, I want you!*). Tratava-se exclusivamente de satisfazer os próprios apetites. A inibição e a frustração eram apontadas com o dedo como doenças a serem erradicadas; o sentimento amoroso, com sua extraordinária complexidade e suas fantasias seculares (o sentimento de posse, o ciúme, o segredo), foi posto no índex.

O PRAZER, FINALMENTE

E o amor se tornou obsceno

— *Mais uma vez, trata-se de uma verdadeira derrubada de valores: a proibição agora recaía sobre o sentimento amoroso e não mais sobre o sexo.*

— Sim. O amor se tornou obsceno. Nesse fanatismo pansexual, as pessoas se persuadiam de que o amor era apenas a superestrutura da infra-estrutura erótica, que os sentimentos eram apenas a expressão do desejo. Donde a recusa da sedução, vista como uma espécie de abominação dos tempos antigos: os critérios físicos, a beleza, a estética eram considerados como sobrevivências do mundo velho.

— *Na teoria, todo mundo podia, devia, agradar a todo mundo...*

— Supunha-se que os homens e as mulheres iriam se relacionar com toda franqueza, sem recorrer aos antigos e lamentáveis estratagemas. Dominique Desanti conta como uma comunidade californiana fundara-se no princípio da rotação sexual: a cada noite, cada um devia dormir com uma pessoa diferente, de maneira a estabelecer uma perfeita igualdade. Só que a moça gorda e feia tinha cada vez mais dificuldade de encontrar parceiros, e era vista todas as noites na varanda da casa a dizer: "Quem se interessa por mim?" Naquele comunismo sexual, subsistiam as velhas barreiras.

— *Já o casal era visto como a abominação da desolação: consideravam-no como uma união arcaica, reacionária.*

157

A MAIS BELA HISTÓRIA DO AMOR

— As pessoas que se casavam nos pareciam patéticas; fazíamos com que se sentissem envergonhadas. O ciúme não podia mais ser mencionado. Se alguém sucumbisse a ele, o círculo dos amigos manifestava uma espécie de compaixão: "Por que você está com ciúme? Analise bem. Qual a importância do fato de sua parceira ir dormir com outro?" A palavra terapêutica já estava abrindo passagem. Então, em vez de ir fundo na ferida, como se faz hoje em dia, as pessoas raciocinavam: "Afinal de contas, vai ver que estou errado. Por que me incomodar se minha companheira vai às nuvens com o vizinho do andar debaixo? Eu posso muito bem ir às compras enquanto isso." O casal era uma forma transitória, adotada como caminho em direção à poligamia ou à poliandria, que se imaginavam serem mais duráveis. Havia, na época, um verdadeiro terrorismo conjugal.

Era isso o mundo novo?

— *Até os filhos estavam engajados nessa grande causa.*

— As crianças deviam ser educadas de forma contrária à da educação recebida pelos pais, ou seja, através da apologia de seus desejos. Alguns pais chegavam até a fazer amor diante deles. Eu me lembro de ter assistido, uma noite, a um grande jantar, em Copenhague, na famosa comunidade Christiania, evidentemente macrobiótico (comer carne era um crime): sob o olhar enternecido de jovens barbudos drogados, de aparência crística, os pirralhos saltavam sobre as mesas, pisavam nas travessas e, desesperados por não encontrar proibições, derrubavam os pratos e atiravam purê nas caras uns dos outros. Os adultos cabeludos explicavam-lhes que eles tinham toda a razão, mas que talvez

O PRAZER, FINALMENTE

pudessem parar uns cinco minutos de jogar o queijo na cabeça de seus pais para que eles pudessem continuar a conversação. Esse era o mundo novo...

— *Alguns "intelectuais" chegaram a ponto de fazer o elogio explícito da pedofilia.*

— Em toda parte se afirmava que a criança já era um ser sexuado. A pedofilia não era admitida, porém contava com um certo número de defensores. Havia uma fronte unida de todas as sexualidades, que se pulverizou a partir de 1983, data da aparição pública da AIDS. Dizia-se que o milagre sexual era um dom que deveria ser distribuído de forma equânime entre todas as idades, e todas as gerações. No filme *Harold e Maude*, por exemplo, a velhice recebia as mesmas bênçãos. A inocência e a ingenuidade daquela época explicam também sua extraordinária fecundidade artística, literária, musical. Isso explodia em todos os sentidos, e nas camas também.

— *E nem sempre com felicidade...*

— Havia violência. Cada um carregava a herança familiar e a manifestação da própria fraqueza pessoal. Ninguém queria enxergar, mas aquele mundo velho, que se pensava aniquilado, continuava presente sob os brilhos falsos da novidade (como o Clube Med, supostamente lugar de todas delícias, retratado no filme *Les Bronzés* [Os bronzeados], onde são sempre os mesmos que seduzem as moças bonitas). Por trás do discurso eufemístico de liberação, por trás daquela beatitude, havia uma verdadeira brutalidade, as leis da seleção amorosa subsistiam com força. Pouco a pouco, as pessoas foram percebendo que havia perdedores,

A MAIS BELA HISTÓRIA DO AMOR

vítimas, postos de lado, e que, a despeito do discurso generoso e profuso, estava sendo criado, contudo, um universo de mentira; a mesma coisa que tanto se denunciara em relação aos pais.

Uma segunda liberação

— *As primeiras vítimas dessa história, como sempre, foram as mulheres.*

— As mulheres se sentiram negadas. Tudo estava calcado na mecânica do orgasmo masculino, na satisfação única que faz desaparecer a pulsão. Elas não se reconheciam na aceleração do consumo sexual, não sonhavam em se tornar objetos manipuláveis à vontade por homens concupiscentes, mas queriam novos direitos: o aborto, a contracepção, o respeito por seu próprio desejo, e o reconhecimento de seu gozo específico... A questão do consentimento ao ato sexual fora levantada, permanecendo viva até hoje. Assim, uma parte do movimento feminista se levantou contra a masculinidade; uma outra, acomodatícia, tentou inventar relações mais harmoniosas entre os homens e as mulheres. E além do mais havia sempre, em toda relação, esse renascimento incessante do sentimento, espécie de nostalgia que se tentava sufocar, refrear, e do qual ninguém ousava falar.

— *E depois ousou-se. Alguns, como Roland Barthes (Fragmentos de um discurso amoroso), Michel Foucault (História da sexualidade), Alain Finkielkraut e você (A nova desordem amorosa), iniciaram a crítica e denunciaram aquela grande ilusão sexual.*

O PRAZER, FINALMENTE

— Nós quisemos fazer com que se compreendesse que a noção de revolução sexual não tinha nenhum sentido. Que o amor não era reformável, que não existia progresso em matéria de amor. Roland Barthes ousou proclamar: "Não, o amor não é vergonhoso! Eu, por exemplo, continuo a amar; não é apenas o desejo que me interessa; às vezes amo o sofrimento amoroso." Barthes citava Werther, que, na época, era um devaneio grotesco; invocava Rousseau e todos esses personagens caídos no inferno da literatura clássica.

— *De repente o sentimento voltava a ser valorizado.*

— Sim. Subitamente, começamos a reivindicar o sentimento como mais revolucionário do que o desejo sexual. O que não impedia um consumo sexual frenético, notadamente no mundo homossexual, mas ele não era mais obrigatório. Podia-se viver ao mesmo tempo todos os desvarios do próprio corpo, ou também amar como antigamente. E todos se puseram a redescobrir *La Princesse de Clèves* (*A princesa de Clèves*), *À la recherche du temps perdu* (*À procura do tempo perdido*), *Belle du Seigneur* (*Bela do Senhor*). O sentimento voltou pela porta dos fundos. Era como se uma segunda liberação estivesse ocorrendo.

A sexualidade ansiosa

— *Que balanço o senhor faz hoje em dia desse episódio movimentado, uma vez que foi simultaneamente testemunha e crítico?*

— Apesar de tudo, o balanço é positivo. A revolução sexual permanece, em vários países do mundo, um extraordinário ideal.

A MAIS BELA HISTÓRIA DO AMOR

Quaisquer que tenham sido os excessos, os desregramentos, os dogmatismos, as mulheres ganharam direitos inegáveis (divórcio, aborto, contracepção). Lembrem-se de que desde 1970 o pai e a mãe compartilham a igualdade do *status* de chefe de família. Se isso fosse aplicado no Magreb, seria uma revolução! Mas, se desde a Idade Média o indivíduo vem, lentamente, se libertando das tutelas feudais, administrativas, religiosas, sociais, morais e sexuais que o limitavam, nós descobrimos agora no Ocidente, com estupefação, que essa liberdade tem um preço, um peso, que ela tem como contrapartida a responsabilidade e a solidão.

— *É o estranho reverso da medalha.*

— Nós compreendemos também que a tradição nem sempre é opressiva e pode se revelar uma barreira útil para garantir a comunidade humana; que a família, a criança, a procriação continuam sendo fontes de encantamento... Em um mundo sem regras, o casal deve se submeter a um exame constante de suas próprias regras. Resultado: a sexualidade talvez seja livre, mas se tornou ansiosa a respeito dela mesma. Nós somos bons pais? Bons esposos? Bons amantes? O indivíduo moderno está obrigado a se reinventar e se avaliar permanentemente. Daí essa ansiedade que pesa hoje em dia sobre nossos amores, nossas famílias, a educação dos filhos. O discurso passou do registro do *diktat* ao da queixa: o indivíduo se aflige ao constatar que há uma contrapartida terrível à autonomia. "Nós fizemos maio de 68 para não nos tornarmos aquilo que nos tornamos", disse com exatidão o desenhista Wolinski. O que quer dizer que as palavras de ordem de 68 nos traíram, tiveram conseqüências inesperadas.

O PRAZER, FINALMENTE

A inocência perdida

— *Ficou mais difícil amar depois de maio de 68?*

— Hoje em dia as pessoas querem tudo, imediatamente, tudo ao mesmo tempo: o amor louco, mas a segurança; a fidelidade, mas a abertura para o mundo; o filho, mas a liberdade absoluta; a monogamia, mas as vertigens da libertinagem. São demandas contraditórias e infantis. É o espírito de maio de 68 que se prolonga. O casal fundado no amor, o sentimento mais fragmentável e mais frágil que existe, está condenado à brevidade e à crise. A liberdade sexual pesa sobre os adolescentes como um fardo. No fundo, era mais fácil conquistá-la do que tê-la. Alguns jovens recusam essa libertação que lhes é oferecida, mesmo que se tenham beneficiado com ela; mesmo que para eles a sexualidade nada tenha perdido de seus mistérios e de seu terror. Eles têm a nostalgia da velha linguagem do amor feita de prudência, sabedoria, melancolia, que ouviram dos avós, e que maio de 68 tinha apagado.

— *Apesar de todos esses excessos, havia uma bela esperança na utopia de 68, um sonho por certo infantil, mas generoso. A inocência dos anos 1970 se perdeu?*

— Perdeu-se. Restam as histórias de amor individuais, que sempre trazem a plenitude e o encantamento. O erro que cometemos em 68 foi pensar que a história é uma herança cumulativa, e que suprimindo os medos de tempos antigos a nova geração se beneficiaria imediatamente de uma sexualidade pronta para ser utilizada. Isso é falso. A história da espécie recomeça com cada homem e com cada mulher. Acreditou-se poder domesticar

A MAIS BELA HISTÓRIA DO AMOR

a sexualidade. Na realidade, ela continua a nos escapar. O sexo continua sendo um enigma obsedante e angustiante, qualquer que seja a maneira como o vivamos hoje em dia. Pensávamos havê-lo banalizado, mas ele ainda nos cega. É provável que nunca deixemos de questioná-lo. A loucura de nosso tempo é querer viver o amor permanentemente, em toda sua intensidade, sem sombras nem nuvens. O amor é supervalorizado. Quanto ao sexo, tornou-se nossa nova teologia. Não se fala mais de outra coisa, e fala-se mal, com vulgaridade e complacência. A única arma que temos contra tudo isso em nossos dias é o riso. Sim, o melhor é rir de tudo isso.

— *O senhor disse um dia: "O amor é a pulsão mais antidemocrática que existe." É a moral de sua história?*

— Sim. O amor não é democrático, não responde nem à justiça nem ao mérito. Permanece no nível da preferência, ou seja, da eleição indevida de um ser em detrimento de um outro. Por que apaixonar-se por X em vez de por Y? Porque X abala você, e Y o deixa frio. Podemos nos apaixonar por alguém desprezível, que vai nos enlouquecer de sofrimento. O que morreu de 68 foi a inocência do desejo e do sentimento, a idéia de que tudo que diz respeito ao sexo é maravilhoso. Sabe-se agora que o amor acarreta a dependência, a abjeção, a servidão, bem como o sacrifício e a transfiguração. É essa complexidade do amor que nós temos que redescobrir.

CENA 3

E agora...

Livres para amar?

E agora? Como vamos nos inscrever, nós que somos o resultado de tudo isso, nessa grande aventura? Como conciliaremos os três ingredientes do amor: casamento, prazer, sentimento? Após séculos de repressões, combates, emancipações, de agora em diante queremos os três ao mesmo tempo. Tudo. E imediatamente. Nossa ambição é imensa. Nossa desilusão também: solidões, famílias desfeitas, adolescentes desorientados; e também a AIDS, os sofrimentos, as feridas. Eis a verdade que nos assola: em liberdade, o amor não é mais fácil de ser vivido do que sob a opressão; nossos ancestrais talvez não fossem tão infelizes quanto nós fingimos ser felizes. Estamos sozinhos diante do abismo de nossas próprias escolhas. Esse é o fim (provisório) de nossa longa história. A cada um cabe inventar sua continuação, na intimidade.

A MAIS BELA HISTÓRIA DO AMOR

O *inalcançável presente*

— **Dominique Simonnet:** *Ao observarmos os comportamentos amorosos de nossos contemporâneos utilizando as fontes dos historiadores, como fizemos para os períodos precedentes, encontraremos nos filmes, nos romances, nos programas de televisão uma curiosa mistura: exacerbação de sentimentos, obsessão pelo desejo e pela sedução, imagens de uma sexualidade arcaica e brutal, discursos desencantados... O amor hoje em dia estaria marcado pelo signo da incoerência?*

— **Alice Ferney:** Provavelmente não mais do que antes. Apenas ainda não distinguimos a maneira como os historiadores de amanhã irão descobri-lo (ou inventá-lo). Os filmes e os romances, tanto quanto outras mídias, são espelhos deformantes; Paul Veyne e Jacques Solé destacaram isso em relação a outras épocas. O que chama a atenção nos dias de hoje é o contraste entre o discurso sobre o amor e a realidade da vida amorosa. Escreve-se sobre a banalização da sexualidade e o desencantamento dos corações, mas o amor continua algo de sutil e importante com que sempre sonham os homens e as mulheres. No fundo, não estaríamos com medo de ser românticos (por temor de parecermos convencionais)?

— *Seria, pois, preciso encontrar outras fontes, outros indicadores, para captar na realidade contemporânea o que nós perseguimos desde o começo desta obra, esse amor onipresente e inalcançável.*

O PRAZER, FINALMENTE

— Os médicos, ginecologistas, psicólogos e sexólogos, que, como diria Michel Foucault, substituíram os confessores, nos fornecem uma imagem mais digna de fé. Por exemplo, pretende-se que um número grande de meninas conhecem uma sexualidade precoce por volta dos 12 anos. Isso é verdade para algumas, mas a idade média real está hoje em torno dos 18 anos. E os ginecologistas são os primeiros a dizer que muitas vezes as meninas consideram que essa experiência se dá cedo demais... De todo modo, devemos adotar a mesma modéstia dos historiadores, aceitando a idéia de que coisas contraditórias podem coexistir. Tentar enquadrar e descrever um fenômeno contemporâneo é arriscado, talvez mesmo impossível. "Pertencer a uma época é ser incapaz de compreender seu sentido", escreveu Hermann Hesse em O *lobo da estepe*. Diante do amor no presente, talvez estejamos tão desvalidos quanto os historiadores diante do passado.

Tudo é possível

— Mas, decerto, não mais do que eles. Tentemos então, pelo menos, fazer uma análise apelando para a sua sensibilidade de mulher e escritora, a senhora que tem perscrutado o sentimento amoroso por intermédio de seus romances.

— O que chama mais a atenção é a fragmentação das formas de amar, o desaparecimento da norma: cada um governa sua vida sentimental, o que é único na História (até mesmo durante os anos 1970, como Pascal Bruckner nos contou, a revolução sexual exerceu uma opressão: era-se obrigado a ser "liberado"). O homossexualismo passou a fazer parte dos costumes, o aborto não é mais um crime, o adultério das mulheres também não...

A MAIS BELA HISTÓRIA DO AMOR

Claro, cada um carrega consigo uma porção de determinismos, mas pode exercer sua escolha. Hoje em dia podemos amar como bem entendemos. Tudo é possível.

— *Compete a cada um, e não mais à Igreja ou ao Estado, o cuidado de conciliar os três ingredientes do amor, tão dificilmente conciliáveis: a sexualidade, o casamento, o sentimento.*

— Em toda a história do amor, o casamento e a sexualidade estiveram sob controle; apenas o sentimento, apesar de tudo, continuou livre: podia-se obrigar o indivíduo a viver com alguém, a ir para a cama com alguém, mas ninguém jamais pôde obrigá-lo a amar... As coisas mudaram. De agora em diante, e apesar do risco da AIDS, a sexualidade está livre do controle da Igreja, separada da procriação graças ao progresso da medicina, desculpabilizada pela psicanálise, e mesmo exaltada, uma vez que a ausência de desejo é que é culpabilizada. Quanto ao casamento, fundado no amor, não é mais obrigatório nem difundido, escapando também das estratégias religiosas ou familiares; o divórcio deixou de ser vergonhoso, e os esposos são tratados igualmente diante da lei.

— *Uma verdadeira liberdade reina sobre a vida privada.*

— A modernidade adquiriu o aspecto dessa imensa liberdade: "Não quero ter filhos; quero viver sem me casar; quero me separar de você..." Mesmo que nossa vida privada ainda esteja submetida à lei (o ventre das mulheres é controlado pelos médicos e pelos juristas), nós somos menos dependentes da moral coletiva e menos subordinados à natureza, graças ao progresso técnico. Poderíamos dizer que a ordem social castradora, que reinou

O PRAZER, FINALMENTE

durante séculos no Ocidente, está morta. Mas podemos acreditar nisso? Nossa sociedade não estaria escondendo sua norma? Os três campos do amor estão verdadeiramente liberados?

A felicidade a qualquer preço

— *Entretanto, o que todos procuram avidamente é reconciliar esses três campos: queremos um verdadeiro amor, que dure, com o prazer incluído.*

— Sim. O sonho de hoje em dia continua sendo o do casal apaixonado, fiel e cheio de desejo, o que exige uma forma de contrato social, mesmo que as pessoas não se casem. Nossa época se caracteriza por uma extrema exigência dos indivíduos em relação a seus ideais: queremos a felicidade a qualquer preço. Antigamente, a célula econômica de base era a família (com o chefe de família: aliás, continuamos a falar de "domicílio fiscal"), à qual todos submetiam seu destino. Em O *casamento e a moral*, Bertrand Russell lembrava que os amantes ou os esposos só eram obrigados à vida em comum se fossem pais. Tão logo os filhos se tornassem adultos autônomos, a ruptura deixava de ter gravidade. Hoje, a unidade de base se tornou o indivíduo, que não sacrifica mais sua felicidade individual à entidade familiar. A psicanálise, disciplina que tanto influenciou a vida amorosa, afirmou que era melhor um divórcio do que o desentendimento no seio da família. Assim, o derradeiro limite tombou. O desenvolvimento pessoal foi colocado acima de tudo: recusam-se a frustração e a culpabilização.

A MAIS BELA HISTÓRIA DO AMOR

— *Mas há o reverso da medalha, cada um fica entregue a si mesmo, sozinho diante de suas escolhas. A desilusão está à altura de nossas expectativas. Nos séculos passados, quando o casamento arranjado era a norma, inventava-se o amor com os meios que se conseguia. Às vezes se obtinha sucesso, às vezes não.*

— Mona Ozouf observou isso, o reverso da liberdade nada mais é do que a angústia de viver, a dificuldade de ser e a impossibilidade de encontrar fora da própria pessoa a razão de um fracasso amoroso. Essa liberdade nos pesa, pode nos desorientar. É difícil de ser vivida, pois pressupõe a escolha, o engajamento, a responsabilidade. E nossa exigência nos coloca diante de uma nova dificuldade: a de fazermos o amor durar.

— *Resignamo-nos a que o amor dure apenas um tempo.*

— Eu não compartilho do derrotismo do momento. Certo, 50% dos casais parisienses se divorciam ao final de três anos, o que não é animador. Mas os 50% que poderiam fazê-lo não o fazem. E os casais que subsistem duram por muito mais tempo do que os de antigamente, levando em conta o aumento da duração da vida: casa-se por volta dos 26 anos, morre-se por volta dos 80 anos. Um número grande de pessoas, portanto, tem sucesso nessa aventura inacreditável, o feito de uma longa vida em comum. Quanto aos que rompem, pode-se dizer que são menos perseverantes do que seus ancestrais? Não há nenhuma certeza. A moral conjugal depende também do contexto econômico e demográfico: no século XVII, Jacques Solé notou, "a morte funcionava como divórcio"; no século XIX, lembrou Alain Corbin, as mulheres eram mantidas fechadas, o que garantia sua virtude

O PRAZER, FINALMENTE

e a estabilidade do casamento. Hoje em dia as mulheres trabalham, têm encontros, são autônomas e dispõem dos meios de se separar dos cônjuges, gozam de uma verdadeira liberdade sexual. Quem sabe o que teriam feito nossas predecessoras nas mesmas condições?

"A força está com você"

— *O liberalismo sentimental é a grande desregulamentação do amor. Numa sociedade em que os sentimentos são tão voláteis, nos perguntamos se essa palavra "amor" ainda tem um sentido.*

— "Nós nos defrontamos com a definição do amor", constatou Jean Courtin no começo desta história; a mesma palavra indica a atração, o instinto ou o apego. A palavra "amor", nascida na Antigüidade, é bastante anterior à palavra "sexualidade", surgida no século XIX. Nós nos referíamos antigamente ao amor a Deus, ao cuidado que dispensávamos aos outros. Eu gosto da idéia de que o amor é uma força cósmica, como a gravidade: uma atração que nos empurra na direção do outro. Newton procurava, aliás, uma lei do amor, pensava que os planetas, assim como os seres, se atraíam, "se amavam".

— *Certo, mas em nossa percepção moderna, a esfera do amor e a do desejo, da atração, como a senhora fala, não são distintas. Desejar é amar? Pode-se amar sem desejo? Desejar sem amar? Devemos acreditar no grande amor, que dura? Ou é preciso resignar-se a viver na incerteza dos próprios sentimentos? Todas essas perguntas nos perseguem hoje em dia...*

A MAIS BELA HISTÓRIA DO AMOR

— Muitos jovens, com efeito, se fazem essas perguntas. Felizmente, em geral só encontram uma pessoa de cada vez, o que não deixa de simplificar as coisas. Excetuando os que botam diversas panelas no fogo para depois decidir qual delas vai ser consumida, o entusiasmo inicial costuma ser único. Teilhard de Chardin achava que o cristianismo deveria ter tentado compreender essa força misteriosa em vez de fazer o possível para canalizá-la, em vão.

— *Esse mistério não foi elucidado.*

— Hoje em dia a ciência nos diz: não é o coração que ama, mas sim o cérebro, ou seja, o espírito. Como essa força se expressa em nós? Podemos comandá-la? Fazê-la durar ou cessar? Os budistas, que aconselham a compaixão, pensam que o outro é um "outro eu mesmo". O amor seria esse modo de relação que nos permite melhor compreender o outro, percebê-lo interiormente, uma espécie de poder mental, uma maneira de apagar a fronteira entre nós mesmos e os outros, de encontrar uma forma de harmonia. Eles têm uma bela imagem: a humanidade é o mar, cada indivíduo é uma onda, semelhante e diferente. Esquecemos essa magia da comunicação interior, que poderia nos ajudar a resolver esse conflito perpétuo entre o amor e a sexualidade, entre o corpo e o espírito. "A força esteja com você", diz-se em *Guerra nas estrelas*. É a frase da modernidade.

O PRAZER, FINALMENTE

Uma faculdade inata

— *Diz-se habitualmente que o amor tem suas razões...*

— Ele é inapreensível pela razão. O amor é paranormal. Não se pode dominá-lo senão ao final de um longo trabalho sobre si mesmo. Na Antigüidade, aprendia-se a meditar. A psicanálise abriu outras vias de introspecção para desenvolver esse poder de se conhecer. Os neurobiologistas dizem: trazemos em nós a capacidade de andar, de falar, de raciocinar... Não teríamos também a faculdade inata de amar?

— *O que a senhora acha disso?*

— A força do amor está em nós, mas, ao contrário de nossas outras faculdades, tem uma especificidade surpreendente: não se apresenta a todo o mundo, não se manifesta ao acaso, não se declara à nossa revelia, como a necessidade de andar nos bebês. E decorre também de nossa escolha. Mas, uma vez que aparece, que se instala, aprendemos a viver com ela, como aprendemos de repente a viver de pé, sobre as duas pernas.

— *Para retomar sua metáfora, nem todo mundo vive de pé. Alguns são dotados para o amor; outros são incapazes de amar...*

— É provável que você tenha razão. Algumas crianças andam de uma maneira mais ágil, mais coordenada do que outras... Talvez seja assim o amor: existiria uma forma de "coordenação" do espírito que nos torne mais ou menos dotados para amar? Seguramente, alguns traços de personalidade facilitam a vida amorosa.

A MAIS BELA HISTÓRIA DO AMOR

"Eu decidi que é ela!"

— *"Caímos" por alguém como se levássemos um tombo. Mas a paixão repentina que exaltamos hoje em dia é compatível com a duração?*

— Uma das versões do mito de Tristão e Isolda limita o efeito do elixir do amor a três anos (em outras versões ele é ilimitado). É uma idéia com a qual convivemos hoje em dia: admite-se que o estado de paixão, com tudo o que contém de exaltação sensual, hormonal, química, não dure mais do que três anos. Já é alguma coisa! Enquanto não existirem filhos em jogo, o fracasso amoroso não será dramático. A menos que cultivemos o bonito modelo que exige que a pessoa por quem nos apaixonamos seja a primeira e a última.

— *Esse modelo do grande amor eterno não morreu. Mesmo que nem sempre confessem, muitos jovens estão à procura do "grande amor". E ficam desesperados para conseguir encontrá-lo. Reunir ao mesmo tempo o sentimento, o desejo e a duração continua sendo ilusório.*

— É preciso esperar o famoso encontro, o reconhecimento mútuo instantâneo, a revelação: "É ela!" "É ele!"? Eu não compartilho dessa visão. Eu não acredito que exista uma única pessoa com a qual poderíamos conseguir manter uma longa vida amorosa. Seguramente existem muitas! A teoria platônica da outra metade...

— *Nós todos seríamos seres cortados em dois em busca de nossa outra metade...*

O PRAZER, FINALMENTE

— Sim. Essa teoria não me convence. Acredito que nós fabricamos a dois a respectiva metade: "Eu decidi que é ela", "Eu decidi que é ele", "eis a pessoa que eu escolhi para ir mais longe no amor". Antigamente, falava-se de "dever", princípio opressivo mas prático, uma vez que, desse modo, incitava-se a reforçar a relação. Hoje em dia falamos de "escolha", o que não é um mau termo: compete a nós escolher nosso amor, nosso amante, a pessoa com quem esperamos construir uma relação durável e satisfatória.

Amar é um trabalho!

— *A senhora fala do amor como de uma construção, de um trabalho a ser realizado.*

— Tenho esta convicção profunda: amar é um trabalho. Quero dizer que é uma ação, uma vontade, uma atenção. É preciso fazer o aprendizado do coração, no amor, na vida, no tempo. Como as da gravidade, as leis do amor não podem ser alteradas. Um copo cai, se quebra... Você se apaixona, se sente atraído pelo outro... Mas essas forças podem ser utilizadas a nosso favor. Apesar da gravidade que nunca cessa, consegue-se fazer com que os aviões voem e os foguetes decolem. Com o amor é a mesma coisa: apesar do desejo que se transforma, pode-se fazer um amor durar.

— *É preciso querer amar, em suma.*

— Amar é também uma decisão. Em uma vida de casal, há crises, depressões, fixações, sucessos, euforias... Faz parte do

A MAIS BELA HISTÓRIA DO AMOR

trabalho de cada um ter consciência desses estados diferentes, decidir se deseja que a relação dure e, se este for o caso, agir de maneira a sobrepujar as tempestades. A total liberdade de amar que nossos ancestrais não conheceram nos obriga a construir nosso amor. Não há mais ninguém para fazê-lo em nosso lugar. Um dos personagens de meu livro *La Conversation amoureuse* (*A conversação amorosa*) propõe esta definição: o amor é o que existe entre dois indivíduos capazes de viver juntos sem se matar.

— *A definição é um tanto minimalista.*

— Sem se matarem simbolicamente, de todo modo. Pois a vida em comum não é mais fácil de ser vivida do que a solidão. Em muitos casais, a relação de forças mata de verdade a personalidade de um ou de outro, e assim provavelmente o amor. Quando você reduz a zero "o espaço das possibilidades" de alguém, ocorre um assassinato simbólico. É esse respeito pelo outro que é um trabalho. Essa idéia está até integrada na lei: os pais são obrigados a ajudar os filhos a estudar, a abrir o campo de suas vidas. A emancipação das mulheres permitiu-lhes também alargar seu espaço para além do círculo privado. Ao mesmo tempo há o risco do reforço do individualismo e do egoísmo. Donde a necessidade de uma educação não somente sexual mas moral, que não se limite às proibições, mas que conduza a um sentido positivo: uma busca do bem. As crianças devem ser ensinadas a se interrogar a respeito do que querem fazer de suas vida se da vida dos outros, e a encontrar o "bem supremo" de que falam os filósofos.

O PRAZER, FINALMENTE

Fiéis e infiéis

— *Atordoados com nossa liberdade de amar, teríamos nos tornado impacientes demais, exigentes demais, caprichosos demais. Será preciso reaprender a cultivar a fidelidade?*

— Eu creio que é preciso querer amar. O parceiro que temos talvez não seja sempre o melhor possível. Ficar com ele, amá-lo, é arbitrário e não o melhor. Amar é também uma decisão, uma escolha. Denis de Rougemont escreveu em 1939: "A fidelidade, hoje, está na contracorrente dos valores venerados por todos, ela se tornou o mais profundo dos não-conformismos." De um velho casal que conseguiu manter vivo seu amor emana uma força extraordinária. Em minha opinião, não há quem não tenha vontade de experimentar a mesma coisa, mas é excepcional. É preciso um enorme esforço.

— *É uma forma de voluntarismo individual, posto a serviço do amor, o que a senhora propõe.*

— A vontade ocupa um lugar decisivo na minha visão do mundo. Não que eu a considere todo-poderosa, mas me parece que o querer é em si uma força e uma alegria. Aprender a interrogar a si mesmo, a delimitar os próprios desejos, já é encontrar a própria vida. Isso se tornou crucial em nossa vida de liberdade. Antigamente as mulheres eram como objetos, vendidas em nome de interesses patrimoniais, passando da autoridade de um pai à de um marido. Hoje em dia elas são livres, dispõem dos instrumentos dessa liberdade (os avanços médicos que trazem bem-estar físico e moral, a assistência da psicologia e de toda espécie de mediações), são responsáveis por seu próprio destino.

A MAIS BELA HISTÓRIA DO AMOR

Na verdade, nós vivemos uma época extraordinária para o amor. Compete a cada um inventá-lo.

Não esperar tudo do amor

— *Em seu romance* La Conversation amoureuse (A conversação amorosa), *a senhora descreve justamente diferentes configurações de casais dos dias de hoje: fiéis ou infiéis, felizes ou resignados, com ou sem filhos... Mesmo quando trabalhamos por ela, a felicidade nem sempre vem.*

— Eu perguntei a mim mesma: amar nos torna felizes? Vemos que os fracassos são numerosos. Algumas pessoas procuram compulsivamente relacionamentos amorosos que as fazem infelizes... Antigamente, a mocinha de 20 anos tinha seu caminho inteiramente traçado: o pretendente, o casamento, a maternidade. Ninguém lhe pedia para trabalhar. As preocupações eram de uma outra ordem. Hoje ela mesma tem de descobrir tudo: o amante, o marido, o pai de seus filhos, um trabalho. Ora, há quem pretenda às vezes nos fazer crer que é possível obter o que queremos sem esforço, que é possível escrever um grande livro ao correr da pena, ganhar um campeonato de tênis ou de futebol simplesmente por termos talento...

— *Dissimulam-se as horas de sofrimento necessárias para chegar lá.*

— É a mesma coisa em relação ao amor. Não se pode vivê-lo sem esforços. Somos assediados com conselhos sobre a sexualidade, mas todo o campo dos sentimentos é deixado em uma

O PRAZER, FINALMENTE

penumbra misteriosa. Pois bem, é preciso dizer e repetir: o amor não é uma empresa fácil... Por outro lado, creio que estamos errados em esperar tudo dele. Parece-me que uma boa parte da felicidade não vem do amor. É uma coisa que as pessoas não esperam ouvir hoje em dia. Entretanto, o amor não traz forçosamente a felicidade, e há também outras coisas (outros jogos, outras atividades, outras criações...) que podem nos tornar felizes.

— *Essa idéia de "construir" nosso amor pode se revelar perigosa. Freqüentemente nos enganamos ao entrar em um relacionamento, colamos sobre uma pessoa a imagem ideal que temos dentro da cabeça, mentimos para nós mesmos, construímos uma ilusão. E não é a outra pessoa que amamos, e sim a idéia do amor.*

— É de fato um perigo. Pois sempre é um(a) desconhecido(a) que encontraremos. São necessários anos para descobrir... Lembrem-se da frase de Thomas Mann: "Nenhum homem que conhece a si mesmo permanece sendo o que era." Nós estamos perpetuamente nos modificando, fisicamente, espiritualmente. Sem contar que viver com alguém não é desprovido de conseqüências: o outro também muda você, e você muda o outro. É uma evolução conjunta. Se a influência do outro for ruim, se ele fizer de você uma pessoa que você não gosta, isso pode ser uma razão para que você o rejeite. Se a influência for boa, pode-se tentar construir uma vida interessante.

A MAIS BELA HISTÓRIA DO AMOR

Os senhores da duração

— *É ainda preciso aceitar a duração...*

— Antigamente, fazer durar uma relação decorria da exigência social, e bom número de cônjuges deve ter desejado a morte do outro. Vimos que em diferentes épocas o *status* de viúva chegou a ser até mesmo muito cobiçado: muitas vezes era o único modo de recuperar a liberdade. De fato, quando nos vemos colocados no final de nossa história do amor, temos o sentimento de estar vivendo um período de transição: as noções de dever, de pecado, de influência social, de moral sexual foram dissolvidas pela liberalização dos costumes. Temos que encontrar dentro de nós novos meios de controlar essa força amorosa. Nós nos tornamos os únicos senhores da duração.

— *Nada simples... A revolução sexual terminou, mas continuamos vivendo em meio à invasiva apologia do desejo.*

— O momento atual carrega vestígios do passado. Como dizia Foucault, pode-se perguntar por que, notadamente no século XIX, se fez do sexo um pecado, e por que hoje em dia fazer do sexo um pecado passou a ser... um pecado. As fantasias de algumas mulheres escritoras que dizem "olhem como sou livre, olhem como sou excessiva, olhem como abordo o sexo sem censura" parecem ultrapassadas, nessa perspectiva. São proclamações conservadoras, em suma, uma vez que lembram no presente o que pertence ao passado (sob o pretexto de se diferenciar). De uma maneira geral, vivemos em um mundo muito falastrão. Queremos falar de qualquer jeito, inscrever o amor no espaço das palavras. Ora, é um empreendimento difícil e redutor: a

despeito de equacionarmos a lei da gravidade, não compreendemos verdadeiramente o que se passa quando um objeto cai.

Homens femininos, mulheres masculinas

— *Podemos nos perguntar se não haveria duas visões do amor e
da sexualidade, a masculina e a feminina, bastante incompatíveis.*

— Parece que os cientistas estão em vias de mostrar que a
diferenciação sexual não é uma simples criação social. Já se sabe
que o cérebro e a química amorosa da mulher e do homem são
diferentes. As mulheres justapõem naturalmente a sexualidade e
o amor. Os homens os dissociam. Certo, há também um punha-
dinho de homens femininos e de mulheres masculinas, que bus-
cam o encontro e a harmonia. Mas a maioria das mulheres são
femininas e desejam a duração, um sentimento vivo que dê um
sentido a suas existências.

— *Os homens querem antes de tudo o prazer; as mulheres,
um marido?*

— Isso eu não sei! Mas, se for o caso, tenho vontade de dizer:
E daí? Nós vivemos ainda com a herança de maio de 68, temos
medo de ser convencionais. Rejeitar qualquer convenção por
princípio é uma forma de convenção. Admitamos que as convenções estão por toda parte; quanto menos admitidas, mais perigosas. Também procuramos o sexo oposto para perpetuar os genes.
Sabe-se que o desejo evolui diferentemente para os homens e
para as mulheres ao longo da vida: ele é mais forte entre os adolescentes do sexo masculino do que entre as adolescentes do

A MAIS BELA HISTÓRIA DO AMOR

sexo feminino. Se as adolescentes têm relações sexuais, é também porque estão submetidas à pressão social e à insistência dos garotos. Em contrapartida, o desejo erótico é forte entre as mulheres na faixa dos 30 aos 40 anos.

— *O que não foi feito para conciliar os dois.*

— O ideal seria então o casal formado por um homem jovem e uma mulher muito mais velha! O que é contrário a todas as nossas convenções, que valorizam a juventude e fazem da mulher um estandarte do homem. Sabe-se também que, após dar à luz, as mulheres experimentam uma baixa hormonal que diminui seu desejo. Isso pode durar um ano inteiro. Quer dizer com isso que não haja mais amor? (Poderão ser desenvolvidos tratamentos contra a baixa do desejo. Mas não contra o desamor. Existe, pois, uma química do desejo. Mas não existe química do amor.)

A sexualidade jamais será banal

— *Os adolescentes estão sendo imersos em um discurso que exalta o prazer: "tudo, e imediatamente". Na verdade, isso não é favorável à duração, como a senhora falou.*

— Pomos diante deles a imagem de um grande número de fracassos amorosos. Seria preciso educá-los para a escuta, para a meditação, para o distanciamento em relação a esse discurso permanente, ensiná-los a distinguir o que é marginal do que é essencial. A literatura do desencantamento amoroso, nascida da liberação sexual, pretende banalizar a sexualidade. Isso é ridículo! Ficar nu diante de outra pessoa, oferecer o próprio corpo, não é

O PRAZER, FINALMENTE

uma coisa à-toa. Não se vai para a cama com alguém como quem vai ao cinema ou ao restaurante. O ato sexual nos compromete, a mim e ao outro, e tem uma característica sagrada. A sexualidade jamais será banal, e é o que nos traz satisfação.

— *A vontade, então, é uma boa coisa. Mas nós somos feitos de velhas porções de culturas, de antigos tabus, de mitos remotos, que nos influenciam inconscientemente e nos puxam para trás.*

— Flutuamos como bóias de cortiça sobre o mar ou somos capazes de escolher um rumo? O amor foi regido pela opressão social e religiosa, pelo pecado, pelo dever... No presente, ele é regido por nossa vontade. É claro que os determinismos familiares, psicológicos, históricos, sociais, culturais são pesados. Mas até que ponto somos responsáveis por nós mesmos? Recusemos a falta de responsabilidade, rejeitemos todos os discursos que visam a nos isentar do exame de nossas próprias ações. Estaria tudo relacionado à nossa infância, à química, à morfologia...

— *O que não chega a ser inteiramente falso.*

— De fato, existe uma parte de nós mesmos da qual não podemos nos livrar: não podemos mudar nossa estatura ou a forma do nosso rosto, nem alguns traços de nosso caráter. Todos temos nossa própria prisão, e hoje estamos perfeitamente conscientes disso. Mas, apesar de tudo, há sempre uma pequena parte sobre a qual nós podemos agir. Em vez de irmos ir na direção da derrota, podemos ir na direção do sol. Podemos desativar nossa vontade ou, ao contrário, perseverar em cultivá-la. É a verdadeira escolha de nossa modernidade.

A MAIS BELA HISTÓRIA DO AMOR

Aprendamos a amar

— Hoje em dia temos dificuldade em aceitar o fracasso ou a ausência. Queremos guerras sem morte. E amores sem feridas.

— Sim, parece que estamos exigentes! Basta nos faltar uma única coisa para ficarmos contrariados. Vivemos na esperança do amor com "imperfeição zero", do casamento sem fracasso. Nossa liberdade é imensa, nosso apetite de felicidade também. Então as desilusões nos parecem insuportáveis. Contudo, cada geração precisou aceitar alguns esforços, alguns sofrimentos, as suas derrotas. Pensem naqueles jovens que tinham 20 anos e morreram nas trincheiras de 14-18, em nome da pátria; ou naquelas mulheres que se sacrificaram em nome de suas famílias. Cada geração encontra um estado de mundo diferente, um campo de possibilidades limitado, e desenha uma forma de vida. Os jovens de hoje em dia vão ter de viver em uma sociedade saída de suas revoluções, e pronta talvez para outras. As crianças de hoje, forjadas na liberdade, talvez encontrem em si mesmas uma nova força.

— *Esperamos que sim. De todo modo, elas serão confrontadas com o desarranjo resultante dessa nova liberdade. Escolher é sempre uma provação. Ao final de nossa história, estamos tão perplexos quanto no começo. O amor, esse atributo do homem, como disse o pré-historiador Jean Courtin, permanece inalcançável, continua deslizando por entre nossos dedos como um punhado de areia. Eis-nos sozinhos diante de nossas incertezas e nossas audácias. Sozinhos diante de nossas desilusões ou de nossas paixões.*

— A liberdade é difícil, com efeito. É preciso escolher, ou seja, renunciar; é preciso ousar desagradar, ousar dizer não, ousar

O PRAZER, FINALMENTE

superar o medo dos outros, medo terrível que nos arrasta para o conformismo. Os lobos uivam, vocês uivam. Os lobos dormem, vocês dormem... Construir uma pessoa é um trabalho constante. Michel Foucault dizia: "Trabalhar é permanecer em meio à dúvida e à inquietação." Mesmo que seja esgotante, eu acredito que é a postura mental correta... "Jamais se gracejou com o amor", resumiu-se no início deste livro. Essa fórmula se aplica também à nossa época. Há quem queira nos fazer crer que nos tornamos frívolos, quase indiferentes. É engano: o amor continua sendo uma coisa importante, séria. Mas eu sou menos pessimista do que você. Acredito que aquele que ama é como um equilibrista sobre uma corda: parece impossível, mas chega um dia que o equilíbrio se dá. É preciso passar a vida inteira aprendendo a viver, e a morrer. Aprendamos também a amar.

Breves retratos dos autores

Jean Courtin, *pré-historiador, diretor de pesquisas no CNRS* (*Centre National dela Recherche Scientifique*).
Ele descobriu o amor? Encontrou, de todo modo, a beleza. Jean Courtin foi o primeiro pré-historiador a percorrer o estreito túnel submarino de 175 metros que conduz, nas profundezas das escarpadas angras de Cassis, até as maravilhas da caverna Cosquer. Uma capela Sistina da pré-história com pinturas e gravuras esplêndidas, que lhe provou o quanto os homens, há vinte e sete mil anos, já eram seres refinados, sensíveis. E provavelmente amantes... Jean Courtin ficou tão impressionado com aquilo, que imaginou em seu romance (*Le Chamane du bout du monde*, Editions du Seuil — O *xamã do fim do mundo*) uma bonita *Homo Sapiens* de olhos verdes vivendo de amores muito liberados na margem do Mediterrâneo. Quase lamentamos ter perdido essa pré-história.

Paul Veyne, *professor honorário do Collège de France, especialista em mundo antigo.*
Quando criança ele tinha uma paixão: procurar moedas antigas. Um dia, em uma localidade do Midi (sul da França), fez ao bom Deus a promessa de parar de beijar a namorada do momento, caso a pesca fosse frutífera. E ela o foi: Ele botou a mão sobre uma soberba peça do século II a.C. Mas, como não acreditava em Deus, continuou a beijar sua dulcinéia... Os romanos, aos olhos de

A MAIS BELA HISTÓRIA DO AMOR

Paul Veyne, sempre tiveram uma dupla qualidade: não estavam muito longe de sua casa e não eram cristãos. Tornou-se um dos melhores especialistas neles. Paul Veyne trabalhou com Michel Foucault, escreveu um grande número de obras (*La Société romaine — A sociedade romana*; *Comment on écrit l'histoire — Como se escreve a história*; *L'Élégie érotique romaine — A elegia erótica romana*; *Les Grecs ont-ils cru à leurs mythes? — Os gregos acreditavam em seus mitos?*, todas publicados por Editions du Seuil). Em sua casa tranqüila, construída ao pé do monte Ventoux, falou desses bizarros romanos com o humor e a verve do menino turbulento que continua a ser.

Jacques le Goff, historiador, especialista em mundo medieval.
Ele faz história avidamente, metodicamente, "como um ogro que consegue farejar carne humana", disseram-lhe gentilmente seus colegas. O apetite dele apareceu aos 12 anos, lendo *Ivanhoe*. Herdeiro da escola dos *Annales*,[1] artesão da "nova história", que se interessa pela vida cotidiana e pelas mentalidades, partidário do estudo do longo prazo, Jacques le Goff recuperou a nobreza da Idade Média, que seus predecessores consideravam como um período negro, um obscuro parêntese da História. Para ele, esse período foi, ao contrário, o cadinho de nossa sociedade moderna, um fervilhamento de vida. Ele é também autor de numerosas obras (ver em especial *Pour un autre Moyen Âge — Para uma outra Idade Média —*, Quarto, Gallimard, que reúne muitas delas). Foi com a mesma convicção e com o mesmo entusiasmo que se debruçou neste livro sobre uma outra Idade Média, desta vez apaixonada.

---

[1] *Annales*: revista histórica francesa fundada em 1929, para substituir a história dos acontecimentos por uma história integrada ao conjunto das ciências humanas. (N. T.)

BREVES RETRATOS DOS AUTORES

Jacques Solé, *professor da Universidade Pierre-Mendès-France, em Grenoble, especialista em Tempos Modernos.*
Chegou ao século XVI de trás para a frente, para melhor compreender o Iluminismo, seu período predileto. Os historiadores, diz ele, não param de voltar no tempo. Depois de ter ido atrás do amor entre os libertinos, Jacques Solé foi vasculhar o quarto de dormir de nossos ancestrais de colarinho plissado. Para suas obras, *L'Amour en Occident à l'époque moderne* — O *amor no Ocidente na época moderna* (Albin Michel), *Être femme en 1500* — *Ser mulher em 1500* (Perrin), destrinçou milhares de documentos, inclusive os arquivos bastante sinistros do tribunal eclesiástico de Troyes. Confessa ter, hoje, uma certa simpatia por aquelas pessoas que não se divertiam todos os dias. Ri com freqüência ao falar disso. Significa que é um otimista e um *bon vivant*.

Mona Ozouf, *historiadora, especialista em mulheres e da época revolucionária.*
"O amor nos tempos da Revolução... Não foi um momento propício aos sentimentos, vocês sabem..." Logo de início, como historiadora conscienciosa, manifestou uma certa reserva quando lhe expus nosso interesse na questão do amor: poucas fontes a respeito da intimidade das pessoas, um período muito curto para ser estudado ao longo do tempo... Depois, confiante, terminou aceitando contar, e continuar contando... A erudição de Mona Ozouf (ler *Les Mots des femmes* — *A fala das mulheres* —, Fayard e Gallimard/Tel, dez soberbos retratos de mulheres importantes) em nenhum momento é pedante. E sua indulgência, diante do interlocutor que exibe a própria ingenuidade, nunca é forçada. Nós a vimos inflamar-se por causa de Rousseau, fustigar as feministas extremistas, e se entusiasmar com Madame

A MAIS BELA HISTÓRIA DO AMOR

de Staël. Escutar Mona Ozouf falar de amor não é apenas uma oportunidade. É um privilégio.

Alain Corbin, *historiador, especialista em sentimentos e sensações.*

Ele se tornou o que se convencionou chamar de "historiador de mentalidades". Mais do que os grandes acontecimentos, é o interior dos seres que o fascina, suas intimidades, suas emoções. Como pensavam eles? Que visão tinham do mundo? Como viviam sua própria história? No correr dos anos, Alain Corbin, que se fixou no século XIX um pouco por acaso (o que evitou que tivesse de estudar latim), tornou-se um especialista em sentimentos e sensações: estudou o odor (*Le Miasme et la jonquille* — *O miasma e o junquilho* —, Flammarion), o desejo de refúgio (*Le Territoire du vide* — *O território do vazio* —, Flammarion), e, evidentemente, o sentimento amoroso (*Les Filles de noce* — *As noivas* —, Champs Flammarion). Tentar sempre se aproximar dos seres, tentar se colocar dentro de suas cabeças, eis seu desafio. Desta vez, ele se introduziu nas camas.

Anne-Marie Sohn, *professora de história contemporânea da Universidade de Rouen.*

Ela encontrou o amor dentro dos arquivos judiciários. O que poderia ser melhor para investigar a intimidade de uma época pudica do que o relato de grandes desabafos diante dos tribunais? Lá as pessoas se exprimem abertamente, contam detalhes que seriam calados em outros locais. Para pintar a paisagem amorosa entre 1860 e 1960 (ver seu livro *Du premier baiser à l'alcôve* — *Do primeiro beijo até a alcova* —, Aubier, e *Chrysalides, Femmes dans la vie privée, XIXe-XXe siècle* — *Crisálidas, Mulheres na vida privada, séculos XIX e XX* —, Publications de la

BREVES RETRATOS DOS AUTORES

Sorbonne), Anne-Marie Sohn também remexeu em cartas e diários íntimos. Mas os textos, lembra, freqüentemente dão apenas uma visão masculina do tema, pois por muito tempo foi difícil para as mulheres falar de sua sexualidade. Depois disso, elas recuperaram o tempo perdido.

Pascal Bruckner, *escritor e ensaísta.*

O contraste foi impressionante. Ele tinha saído de sua cidade do interior e de um colégio de jesuítas. Desembarcou no coração de um ruidoso Saint-Germain-des-Prés poucos meses antes de maio de 68. Ainda hoje se lembra daquelas comunidades onde as crianças, em cima da mesa de jantar, atiravam iogurtes nas caras umas das outras sob o olhar enternecido de jovens barbudos, de aparência crística e doidões, de grupos muito simpáticos nos quais se devia obrigatoriamente trocar de parceiro para passar a noite. Romancista (*Lunes de Fiel* — *Luas de fel* —, Seuil; *Les Voleurs de beauté* — *Ladrões de beleza* —, Grasset), ensaísta (*Misère de la prospérité* — *Miséria da prosperidade* —, Grasset),[2] Pascal Bruckner foi um dos primeiros a criticar esse frenesi sexual em *Le Nouveau Désordre amoureux* — *A nova desordem amorosa* —, escrito em 1977 com Alain Finkielkraut (Points Seuil). Por isso não joga fora o bebê-desejo junto com a água do banho revolucionário.

Alice Ferney, *romancista.*

Como enxergar o quadro quando se está em seu interior? — pergunta-se ela. Como captar a verdade de nosso tempo? Ela meteu mãos à obra, mergulhou na literatura, apelou para Hermann Hesse ("Pertencer a uma época é ser incapaz de compreender seu

---

[2] E *A euforia perpétua* — *Ensaio sobre o dever de felicidade*, DIFEL, 2002.

A MAIS BELA HISTÓRIA DO AMOR

sentido")... Alice Ferney coloca sua exigência à altura de sua lucidez, que é grande. Em seus romances profundos e sutis, pinta comovedoras gerações de mulheres divididas entre desejo e dever (*L'Élégance des veuves* — *A elegância das viúvas* —, Actes Sud), e casais contemporâneos que oscilam entre sedução e fidelidade (*La Conversation amoureuse* — *A conversação amorosa* —, Actes Sud). Seres humanos que continuam vivos muito tempo depois de o livro ter sido fechado. Ela pleiteia uma nova educação sentimental, livre do conformismo do momento, o qual pretende desvalorizar o sentimento e banalizar a sexualidade.

E, à guisa de auto-retrato: **Dominique Simonnet**, *o interlocutor*.

Redator-chefe da revista *L'Express*, encarregado de grandes entrevistas. Tem algumas obsessões: a busca de nossas origens, o amor, a história, as estrelas (as do céu e as que dançam)... Em uma outra ocasião, ele animou e produziu revistas televisadas para crianças (*Drôle de planète* — *Planeta esquisito* —, no canal France 2), séries radiofônicas (*Aventures sans gravité* — *Aventuras sem gravidade* —, Radio France), participou de numerosas iniciativas para estabelecer elos entre o mundo literário e o mundo científico. Ele também é autor de *La Plus Belle Histoire du monde* — *A mais bela história do mundo* — e de *La Plus Belle Histoire de l'homme* — A mais bela história do homem (Difel, 2002) e, junto com Nicole Bacharan, diversos romances (*Le Livre de Némo* — *O livro de Némo*; *Némo en Amérique* — *Némo na América*; *Némo en Égypte* — *Némo no Egito* —, Seuil). Juntos também ousaram escrever *L'Amour expliqué à nos enfants* — *O amor explicado às crianças* (éd. du Seuil), "para colocá-las na pista deste tesouro temível: a liberdade de amar".